三和書籍

はじめに

腹痛は内科医に、ケガは外科医に、相続問題は相続の専門家に

本書を手に取ってくださった方は、相続の悩みを抱え、誰に相談したらよいのか思案されていると思います。

相続の相談をするなら、その相手は相続の専門家にすることを強くお勧めします。なぜ相続の専門家に相談すべきなのか。ここではその理由についてご説明します。

相続の悩みはいろいろありますが、大きな悩みのひとつは税金、つまり相続税でしょう。そこで相続税を例に、相談相手の選び方をご紹介します（もちろん、相続の悩みは税金だけではありません。家や土地を相続したときの手続きや、親が借金を抱えていたときの対処方法などいろいろあります。しかし、ここでは分かりやすい例として、相続税を挙げさせていただきます）。

払いすぎた税金が戻ってくる？

相続税は税金ですが、税金の専門家といえば税理士です。ですから、相続税の悩みは、税理士の事務所である会計事務所であれば、どこに相談してもよさそうに思えます。しかし、本当にそうなのでしょうか。

ホームページなどで「払いすぎた相続税が還付される可能性があります」と謳い、相続税の還付手続きを支援するサービスを提供している会計事務所を目にすることがあります。

そのような謳い文句を見ると、「本当にそうなの？」と思うでしょう。なぜなら、相続税を納めた人の大半は、専門家である税理士に手続きを依頼しているはずだからです。それにもかかわらず、相続税の還付を受ける人は実際に数多くいます。なぜでしょうか。

相続税が還付される仕組み

「税理士の数だけ相続税がある」といわれます。相続税は税理士のスキルによって計算される税額が異なる可能性が高いのです。なぜ、このようなことが起こるのでしょうか。

相続税を計算する基礎となるのは、相続財産の算出です。現金、預貯金、不動産、有価証券、生命保険、ゴルフ会員権など、さまざまな相続財産がありますが、税理士によって評価額が大きく異なるのは不動産です。

現金や預貯金の評価が税理士によって違うということはありませんが、不

図表1　相続税還付が可能な期間

```
相続開始日                              更正の請求期限日
┌──────────────┬─────────────────────────────┐
│ 相続税申告期間 │   相続税還付が可能な期間      │
│   （10カ月）  │  （法定申告期限日から5年間）  │
└──────────────┴─────────────────────────────┘
       法定申告期限日
```

動産の評価は税理士によってかなり違うのです。

不動産に詳しい方なら、路線価が相続税の算出の基礎となっていることはご存じでしょう。相続の対象となる土地の面積に路線価を掛けることで、その土地の評価が算出されます。これで何の間違いもありません。

その一方で、多くのケースで土地の評価を落とすことができ、それが見過ごされている場合が多いのです。相続税の還付手続きサービスは、この点に目をつけ、相続税を計算し直すのです。

形が不整形であったり、高低差があったり、高圧線が通っていたりするなど、土地の評価が下がるケースはいくつかあります。そして、意外と見過ごされているのが、極端に広い土地（広大地）です。

広い土地は実際に活用するとなると、いくつかに分割して活用しなければならない場合がほとんどです。一区画が1,000坪もある住宅など現実的ではないでしょう。

広い土地を活用するために分割しようとすると、道路を通す必要があります。つまり、その土地の全てを活用することができないので、評価を減じることができるというわけです。

また、商売繁盛を祈願してお稲荷さんの祠が庭にあるという商家も珍しくありません。宗教的な施設として、この部分については課税を免れるケースもあります。

「そんなことを知っても、相続税を払ってしまってからでは遅いですよね」

いいえ、そのようなことはありません。相続税法には更正の請求ができると定められています。相続税の申告期限から5年以内であれば、払いすぎた税金の還付を求められるのです。

ただし、相続税の申告期限から5年を経過すると、どんなに誤りがあったとしても還付を受けることが難しくなるため注意が必要です（図表1）。

図表2　税理士ひとりあたりの年間相続税申告件数

年間相続税申告件数	÷	登録税理士数	≒	税理士ひとりあたりの年間相続税申告件数
約10.6万件		約7.7万人		約1.38件

参考資料：国税庁ウェブサイト「平成28年分の相続税の申告状況について」
日本税理士会連合会ウェブサイト「税理士登録者・税理士法人届出数」

相続税の申告経験が豊富な税理士は意外に少ない

相続税の申告は税理士業務のなかでも特殊な分野で、経験豊富な税理士はごく少数です。経験豊富な税理士が少ない一番の理由は、会社の税務顧問や所得税の確定申告の数と比べて、相続税申告の総数が少ないためです。

これは国税庁と日本税理士会連合会の統計情報からも明らかとなっており、年間の相続税申告件数を税理士の総数で割った値は約1.38件となっています（図表2）。つまり、相続税の申告を1年間に1件くらいしか扱わない税理士が大半なのです。

お医者さんにも外科、内科、皮膚科、耳鼻科といった専門分野があるように、税理士にも法人税、所得税、消費税、相続税といった専門分野があります。

腹痛なら内科医に、ケガなら外科医に診てもらうように、相続税の問題は相続税専門の税理士に相談すべきなのです。相続税専門の税理士に相談することには、次のような極めて大きなメリットがあります。

①相続税の節税ができる

相続税専門の税理士に依頼する大きなメリットのひとつが、相続税の節税です。相続税申告は数多くの特例や、複雑な土地の評価基準、各種財産の評価方法に至るまで、専門的なノウハウや経験、そして知識が重要になります。例えば土地評価ひとつを考えても、評価する税理士によって数千万円の差が生じることも少なくありません。

②税務調査を回避しやすくなる

相続税の税務調査が入ると、調査官からプライベートなことやお金に関することまでさまざまな質問を受けるので、調査はなるべく回避したいものです。実は相続税申告書には、税務調査に入られにくい作り方というものがあります。相続税に強い会計事務所には、そのような申告書を作るノウハウがあり、税務調査の確率を軽減できるのです。

相続問題の相談は相続の専門家に

相続のときに問題になるのは税金のことだけではありません。

例えば、亡くなった人から家や土地などを相続する場合は、不動産の名義を変更する相続登記が必要になります。

相続登記は、不動産の登記情報を調べ、相続関係説明図を作成し、法務局へ登記申請をしなければならない大変手間のかかる手続きです。しかし、専門家である司法書士に依頼すれば的確に手続きをしてもらえます。

司法書士の事務所である司法書士事務所は、相続登記のほかにも、貯金や株式を相続したときの名義変更を代行してくれたり、親の借金を引き継ぎたくないときに行う相続放棄を支援してくれたりします。

こうした問題の相談も、実績が豊富な司法書士事務所に依頼したほうがよいことはいうまでもありません。

このように、相続に関する問題は、相続支援を得意とする税理士や司法書士、つまり相続の専門家に相談するのがベストです。

本書について

本書は、相続の悩みを抱える方のために、相続の専門家を紹介することを目的に制作されました。

本書の編者である株式会社実務経営サービスは、会計事務所向けの経営専門誌「月刊実務経営ニュース」を20年近く発行している会社です。同誌発行のため、会計事務所や司法書士事務所、法律事務所などの士業事務所を年間200社以上取材しており、取材活動を通じて、全国の士業事務所とのネットワークを築いています。

本書の制作にあたっては、実務経営サービスのネットワークのなかから、相続支援を強みとしている士業事務所を選定し、掲載を要望しました。

本書の使い方

本書は2部構成になっています。第1部では、相続専門の士業事務所を50社紹介しています。これらの士業事務所には相続の専門家が所属しており、安心して相談をすることができます。

各事務所の特徴を分かりやすく整理してありますので、よく読んでご自分に合った事務所を選び、気軽にお問い合わせください。

そして第2部では、相続に関する基礎的な知識について解説しています。

本書で紹介した士業事務所は、いずれも相続の知識がなくても対応してくれますが、第2部をあらかじめ読んでおいていただくと、専門家との意思の疎通が円滑になるでしょう。

相続に強い頼れる士業・専門家50選　目次

はじめに……………………………………………………………… 2

第1部　相続に強い頼れる士業・専門家50選……………………… 9

北海道
　佐々木忠則税理士事務所………………………………………… 10

東北
　佐藤昇税理士事務所……………………………………………… 12

東京
　税理士法人安心資産税会計……………………………………… 14
　伊坂会計総合事務所……………………………………………… 16
　税理士法人ASAC総合事務所…………………………………… 18
　税理士法人 恒輝………………………………………………… 20
　さいとう税理士法人……………………………………………… 22
　志賀暎功税理士事務所…………………………………………… 24
　税理士法人 税務総合事務所…………………………………… 26
　相続サポートセンター…………………………………………… 28
　税理士法人タックスウェイズ…………………………………… 30
　税理士法人チェスター…………………………………………… 32
　日本パートナー税理士法人……………………………………… 34
　藤本税務会計事務所……………………………………………… 36
　税理士法人HOP………………………………………………… 38
　みらい会計税理士法人…………………………………………… 40
　税理士法人矢崎会計事務所……………………………………… 42
　山下康親税理士事務所…………………………………………… 44

リッチフィールド税理士法人……………………………………… *46*

関東

税理士法人アイユーコンサルティング……………………………… *48*

小野瀬・木下税理士法人……………………………………………… *50*

税理士法人 小林会計事務所 ………………………………………… *52*

さいたま新都心税理士法人…………………………………………… *54*

税理士法人下平会計事務所…………………………………………… *56*

税理士法人新日本経営………………………………………………… *58*

中山美穂税理士事務所………………………………………………… *60*

税理士法人フロイデ…………………………………………………… *62*

税理士法人三田会計…………………………………………………… *64*

税理士法人みらいパートナーズ®…………………………………… *66*

ヤマト税理士法人……………………………………………………… *68*

ランドマーク税理士法人……………………………………………… *70*

税理士法人YMG林会計 ……………………………………………… *72*

東海

税理士法人エール……………………………………………………… *74*

税理士法人エスペランサ……………………………………………… *76*

税理士法人オグリ……………………………………………………… *78*

税理士法人コスモス…………………………………………………… *80*

相続手続支援センター静岡…………………………………………… *82*

税理士法人鶴田会計…………………………………………………… *84*

NAO税理士法人……………………………………………………… *86*

名古屋総合税理士法人………………………………………………… *88*

ミッドランド税理士法人……………………………………………… *90*

信越・北陸
税理士法人 小川会計 …………………………………………………………… *92*

近畿
税理士法人SBCパートナーズ …………………………………………………… *94*

税理士法人総合経営 ………………………………………………………………… *96*

日本経営ウィル税理士法人 ……………………………………………………… *98*

中国・四国
税理士法人タカハシパートナーズ ……………………………………………… *100*

光廣税務会計事務所 ……………………………………………………………… *102*

九州・沖縄
アイジータックス税理士法人 …………………………………………………… *104*

税理士法人SKC …………………………………………………………………… *106*

司法書士法人オフィスワングループ …………………………………………… *108*

相続相談ここがポイント ………………………………………………………… *110*

第2部　相続について学ぶ …………………………………………………… *111*
第1章　相続に関する基本的な知識 ……………………………………………… *112*

第2章　相続手続きに関する知識 ………………………………………………… *124*

第3章　相続税に関する知識 ……………………………………………………… *134*

第4章　遺産分割に関する知識 …………………………………………………… *144*

第5章　相続トラブルを避ける方法 ……………………………………………… *154*

相続相談メモ ……………………………………………………………………… *163*

第1部
相続に強い頼れる士業・専門家50選

ここでは、相続の相談に乗ってくれる士業事務所を50社紹介します。各事務所の特徴を整理してまとめてありますので、紹介文をお読みいただき、自分に合った専門家を見つけてください。

佐々木忠則税理士事務所
日本アシスト会計グループ

佐々木忠則代表

日本アシスト会計グループのスタッフの皆さん

相続事前対策に注力する総合会計グループ
「争族」対策、納税資金対策、節税対策を広い視野で提案

日本アシスト会計グループは、北海道札幌市に拠点を構える会計事務所。「争族」を未然に防ぐ相続事前対策に力を入れており、広い視野で顧客を取り巻く状況を調査し、財産を次の世代に円満に受け渡す方法を提案する。

北海道の個人・法人に高度な支援サービスを提供

日本アシスト会計グループは、税務署OBで税理士の忠鉢繁造と、財務コンサルティング会社代表の佐々木忠則が平成3年に立ち上げた総合会計グループです。

代表の佐々木は大学卒業後すぐに会計事務所に勤務し、相続税の申告はもちろん、個人・法人の税務申告の経験が豊富です。会社経営の経験を持つだけでなく、自ら不動産賃貸業を行い、不動産活用を体験しています。

当事務所は毎月巡回訪問をする関与先が法人、個人事業者を合わせて数百件に及び、多様な業種を支援した実績を持っています。会計・税務はもちろん、資金調達支援、経営改善指導、事業承継支援なども行っています。税務を中心とした幅広い知識を活用し、お客様の思いを重視したご支援を行っており、相続のご支援に関しても、お客様のお気持ちを大切にしています。

広い視野で財産を次の世代に円満に受け渡す

当事務所は相続の事前対策に力を入れています。「争族」対策、納税資金対策、節税対策の3つを考え、お客様のご相談に合わせ、柔軟な提案をしています。また、事前対策の大切さを知っていただくため、相続のセミナーや個別相談会を随時行っており、講師依頼を大変多くいただいています。

代表の佐々木は、相続に深く関係する相続税や贈与税だけでなく、他の税についても考慮し、お客様にとって最良の方向性を見いだし、財産を次の世代に円満に受け渡せることを心がけてご支援をしています。

ちまたでは、「税務調査が入ると、税金をさらに持っていかれる」といわれています。相続の税務調査は名義預金と財産評価が中心になりますので、当事務所では申告後の調査で追徴税がないように、これらを事前に調査確認したうえで相続税の申告をしています。

さらに、適正な申告であることを税理士が保証する税理士法第33条の2の書面の添付をしています。これにより、税務署が申告内容を確認するときは、まず税理士に意見聴取をし、そのうえで税務調査の必要がないと判断すれば調査しないことになります。

当事務所が行った申告は、近年この意見聴取だけですんでいます。こうした追徴のない申告業務は、地元の金融機関の方からも高く評価していただいています。

急な相談にも対応する相続相談窓口を設置

当事務所は、相続相談窓口を設置しています。相続で困ったことがありましたら、お気軽にお問い合わせください。初回は無料にてご対応いたします。

急なご相談にも対応できる電話窓口も設置しています。当事務所のホームページには、お問い合わせフォームもご用意しています。

日本アシスト会計グループ（相続支援センター）

代表者：佐々木忠則（税理士／北海道税理士会札幌北支部）

職員数：20名

所在地：札幌市北区北31条西4丁目1番2号

ホームページ：http://www.assist-kaikei.co.jp/　[日本アシスト会計] [検索]

相続相談窓口　電話：011-727-5143　緊急時：090-3393-3050

佐藤昇税理士事務所
株式会社 財務プランニング

佐藤 昇代表

佐藤昇税理士事務所の皆さん

相続支援に取り組んで30年の会計事務所
豊富なノウハウと顧客に寄り添う姿勢で納得の相続を実現

佐藤昇税理士事務所は、宮城県仙台市に拠点を構える会計事務所。同事務所は顧客満足度第一を掲げ、代表の佐藤昇税理士をはじめとする経験豊富な専門家が、顧客の相談を親身になって聞き、一緒になって最良の解決策を考えている。

顧客満足度第一を
掲げる会計事務所

佐藤昇税理士事務所は、平成元年に仙台で開業した会計事務所です。総勢15名のスタッフで、お客様の税務申告、税務相談の業務をさせていただいています。

当事務所の特色は、業種にこだわらずに顧客満足度第一を掲げていることです。会計業務以外にも、経営支援や事業承継支援など、多岐にわたるサービスを提供しており、それぞれの専門スタッフが、お客様のお手伝いをさせていただいています。

なお、スタッフのうち4名は、相続案件を専門としています。相続分野の専門スタッフが多いことも、当事務所の特色のひとつです。

豊富なノウハウをもとに
顧客に寄り添って相続問題を解決

代表の佐藤は、開業してから30年間に、相続税の申告案件を300件以上

取り扱っており、現在では年間約20件のご依頼を頂いています。

当事務所はお客様の声を大切にし、事前の無料相談や相続税シミュレーションを活用することで、お客様や親族の方に納得していただけるご提案をさせていただいています。

経験豊かな相続専門スタッフが、お客様の相続のお悩みを親身になって聞き、最もよい解決策を一緒になって考えていきます。

税務調査の入らない相続税申告を徹底

当事務所の大きな特徴は、税務署から指摘を受けない相続税申告を実現していることです。これを実現するため、300件以上の相続税申告案件に携わってきた経験豊富な佐藤と、不動産評価や自社株評価に長けた専門スタッフが、お客様の相続税申告書を丁寧にチェックしています。

さらに、当事務所では申告書の内容が適正であることを税理士が保証する書面添付制度を導入しています。申告書の正しさは私たち税理士が保証しますので、税務調査が入る可能性が大きく下がります。

相続税シミュレーションで数字の把握を支援

当事務所では平日の9時から18時まで、相続税の無料相談を受け付けています。土日祝日の面談も可能ですので、お問い合わせください。

相続を初めて経験される方のご相談にも、代表の佐藤をはじめ、経験豊富なスタッフが丁寧に対応させていただきます。分かりやすくご説明するように努めていますので、相続の悩みがありましたら、お気軽にご相談をお寄せください。

親族間の争いのない、円滑な相続を実現するためにも、相続事前対策の相談や、相続税シミュレーションによる数字の把握を強くお勧めします。

佐藤昇税理士事務所（株式会社 財務プランニング）

代表者：佐藤 昇（東北税理士会仙台北支部）
職員数：15名（相続専門スタッフ4名）
所在地：宮城県仙台市青葉区錦町2丁目4番13号
　　　　サンライズビル
ホームページ：https://sendai-shinkoku.jp/
相続相談窓口　フリーダイヤル：0120-373-316
　　　　　　　電話：022-265-8786
　　　　　　　メールアドレス：info@zaimp.com

税理士法人安心資産税会計
一般社団法人安心相続相談センター

高橋安志代表

スタッフの皆さん

資産税業務特化30年以上の会計事務所
税務署に迎合しない資産税のプロが最大限の節税を提案

税理士法人安心資産税会計は、東京都北区に拠点を構える会計事務所。昭和58年の開業以来、一貫して資産税業務に特化しており、これまでに受けた相談件数は7200件以上、申告業務は1000件以上の圧倒的実績を誇る。

資産税業務に特化して30年以上の会計事務所

税理士法人安心資産税会計は、税理士の高橋安志が代表を務める会計事務所です。代表の高橋は、資産税一筋30年以上というキャリアをもっています。事務所には、税理士6名、一部科目合格者4名、CFP1名を含む、25名のスタッフが所属しています。

当社は昭和58年創業以来、相続、贈与、譲渡という資産税業務に特化してきました。なかでも小規模宅地の適用判断、広大地の適用判断、土地評価、借地権問題等では日本有数の会計事務所であると自負しています。

相談件数7200件以上、申告業務1000件以上の圧倒的実績

相続税は、土地の評価や小規模宅地の特例の適用により、納税額に大きな差が出ます。当社は法律、通達などの許す範囲内で、「税務署に迎合することなく最大限の節税を図る」ことをお

約束します。

平成20年9月25日には、国税不服審判所で相続税5億円減額（相続人全体かつ当初申告との比較で）の勝訴裁決を勝ち取りました。

こうした姿勢がお客様に評価され、当社がこれまでに受けた資産税関連の相談件数は7200件以上、申告業務を行った件数は1000件以上になります。

絶え間ない研鑽で税務署に負けない最大限の節税を実現

税制は毎年改正されるため、税金に対する問題は常に変化し、複雑化する傾向にあります。ですから、会計事務所は日々研究を重ね、ノウハウを蓄積し続けていることが極めて重要です。

税務の難しい問題に直面したとき、専門家でさえ容易に税務署の回答や解説書を鵜呑みにする傾向がありますが、それでは納税者の利益は守れません。

納税者の信頼にお応えするために大切なのは、根拠条文をよく読んで判断すること。当社ではスタッフにそう指導をしており、費用を惜しまず、各種の研修会に積極的に参加させています。さらに代表の高橋は、全国の税理士のために資産税の勉強会を主催しているほか、後進を指導する講師活動を精力的に行っています。

このほかにも、当社は資産税のさまざまな問題を解決するため、信託銀行、銀行、信用金庫、弁護士、不動産鑑定士、司法書士、土地家屋調査士、公証人、社会保険労務士などと積極的に連携を図っています。多様な専門家との相互連携により、お客様にとっての最大限の節税を実現しています。

専門家との対話で相続の悩みを整理

当社は、お客様一人ひとりの人生に携わるという姿勢で業務に取り組んでいます。まずは考えを整理したいという一般的なご相談から受け付けています。ご相談は面談にて伺いますので、面談のご予約をしてくださいますようお願いいたします。

税理士法人安心資産税会計

代表者：高橋安志（東京税理士会王子支部）
職員数：25名（税理士6名、一部科目合格者4名、CFP1名）
所在地：東京都北区赤羽1-52-10　NS2ビル5F
TEL：03-5249-0580(代)　FAX：03-5249-0586
ホームページ　http://souzoku-ansinkaikei.com/
相続相談の予約窓口　フリーダイヤル：0120-430-506（しさんぜいコール）

伊坂会計総合事務所

伊坂勝泰代表

税務一筋の職人税理士が代表を務める会計事務所
長期的視野で最良の相続を実現する指導力が魅力

伊坂会計総合事務所は、東京都荒川区に拠点を構える会計事務所。顧客の資産保全に職人的に取り組んできた伊坂勝泰税理士が代表を務める。長期的かつ広い視野で顧客の利益を最大化する指導力、徹底した税務調査対策が強み。

建設業を中心に中小企業経営者やマンションオーナーを支援

伊坂会計総合事務所は、税理士の伊坂勝泰が昭和59年に開業した会計事務所です。当事務所には、代表の伊坂を含む2名の税理士、総勢10名のスタッフが所属しています。

当事務所のお客様は、代表の伊坂と同世代である60代の中小企業経営者が中心で、業種としては建設業が最多となっています。当事務所はそれに加えて、マンション経営をしているオーナーの皆様の相続支援にも力を入れています。

職人税理士が広い視野で顧客の資産を保全

代表の伊坂は、たたき上げ職人の税理士として34年の経験を積んでおり、これまでに取り扱った相続関連の案件数は100件以上になります。

なかでも、相続税対策だけの一面的なアプローチではなく、法人税や所得

税にまで配慮する切り口には定評があります。相続事前対策を依頼していただいたお客様には、対策を相続前と相続後に分け、日々のお金の流れから相続対策をご指導しています。

特に最近は、相続のご支援をするなかで、「人の死はそれで清算されるが、魂と遺産がどこに行くのかが非常に重要だ」と実感しており、お客様が長期的に最もよい結果が得られるように取り組んでいます。

書面添付で税務署から指摘を受けない万全の申告を実現

当事務所の大きな特徴は、税務調査対策を徹底的に行っていることです。

お客様の申告書は、豊富な経験を持つ代表の伊坂と、元税務署長として資産税に関わった経験を持つ国税OB税理士、さらに長年経験を積んだベテランスタッフが丁寧にチェックします。専門家の複数の目で申告書の内容を徹底的に確認し、税務署から指摘を受けない相続税申告を実現しています。

さらに当事務所では、申告書の内容が適正であることを税理士が保証する書面添付制度を導入しています。申告書の正しさは私たち税理士が保証しますので、税務調査が入る可能性が大きく下がり、お客様には大変好評です。

気軽に相談できる専用窓口を設置

当事務所は、相続の悩みを抱える方のために、相続相談窓口を設置しています。窓口にお問い合わせをいただければ、代表の伊坂や、ベテランスタッフが対応いたします。

相続を初めて経験されて、どうすればよいのか分からないという方のご相談にも丁寧に対応し、分かりやすくご説明するように努めていますので、安心してお問い合わせください。初回相談は無料にて対応しています。

相続による親族間の争いは将来に大きな禍根を残します。親族の笑顔を守るためにも、相続事前対策のご相談を強くお勧めしています。

伊坂会計総合事務所

代表者：伊坂勝泰（税理士／東京税理士会荒川支部）
職員数：10名（税理士2名）
所在地：東京都荒川区南千住5丁目9番6-503号
ホームページ：http://isaka-office.biz/

相続相談窓口　電話番号：03-3802-1418
メールアドレス：isaka_office@yahoo.co.jp

税理士法人ASAC総合事務所
Assets Succession & Accounts Consulting General Office

山本貴史代表

土地オーナーや会社オーナーの相続・事業承継に400件以上の実績
目先の税金対策だけではない長期的な不動産・キャッシュフロー対策を提案

税理士法人ASAC総合事務所は、東京都と群馬県に拠点を構える会計事務所。代表の山本貴史税理士は相続・事業承継支援に関する15年の実績を持ち、税金対策だけに留まらない、長期的な視点で資産を保全する提案を得意とする。

東京と群馬に拠点を構える
広域型税理士法人

　税理士法人ASAC総合事務所は、代表社員の山本貴史が運営していた東京オフィスと、群馬県桐生市の老舗の会計事務所の業務を引き継いだ桐生オフィスが統合して設立された税理士法人です。山本を含む3名の税理士、スタッフ12名により運営しています。

　当事務所のお客様は、山本と同世代の40代前後の多様な業種の経営者が中心です。それに加えて、事業承継を控えた企業オーナー、マンション経営や土地の承継に悩む不動産オーナーなども支援しており、相続税申告・相続対策・事業承継対策に注力しています。

土地オーナー、会社オーナーの
相続・事業承継で400件以上の実績

　代表社員の山本は、資産税に強い個人の会計事務所、資産税専門の大手税理士法人、監査法人併設の税理士法人で、土地オーナーや会社オーナーの相

続・事業承継に関する事案を専門に、15年間にわたる実績を積んできました。申告業務・コンサルティング業務を併せて、扱った案件数は400件以上になります。

現在も毎年、年間50件以上の相続・事業承継案件に携わっています。

相続や事業承継対策で関わったお客様とは、その後も顧問契約を結び、承継者の税金対策、会社経営に関わる各種税務相談などの業務に携わることも多く、豊富な経験をもとに、税務業務だけに留まらず、お客様に多角的な視点での専門サービスを提供しています。

目先の税金対策に留まらない長期的な対策を提案

当事務所は総合事務所として、相続・事業承継の業務のお客様満足度を最大化するために、目先の税金対策だけでなく、個人・法人トータルでのTaxプランニング、不動産や現預金を子供や孫、法人に残すための総合的な不動産対策・キャッシュフロー対策を心がけています。代表社員の山本は、豊富な経験のなかで一般的な土地オーナーの相続税対策、法人オーナーの株価対策以外にも、組織再編税制や一般社団法人を用いた事業承継対策も得意としています。

税務調査に関しても、調査官の話・指摘事項を聞いたうえで、見解の相違、道理に合わない修正事項に関しては徹底的に国税側と話し合い、一方的に不利益な修正申告書を提出することは一切ありません。

電話やメールフォームで気軽に問い合わせ

相続・事業承継などに関するご相談は、まずは電話かホームページのメールフォームからお問い合わせください。

相続・事業承継は、人生のなかで何度も経験することではないため、不明な点も多いと思います。しかし、初回のご相談は無料ですので、お気軽にお問い合わせください。夜間や土日でも、日程を調整して対応しています。

税理士法人ASAC総合事務所

代表者：山本貴史（代表社員 税理士・行政書士／東京税理士会豊島支部）

職員数：15名（税理士3名）

所在地：東京オフィス（東京都豊島区）、桐生オフィス（群馬県桐生市）

相続相談窓口　電話：03-6909-2271（東京）、0277-47-5030（桐生）

ホームページ：http://www.asac.co.jp/

税理士法人 恒輝
榎本税務会計事務所・福田税務／労務合同事務所

福田英一代表

榎本恵一代表

東京と福岡に拠点を構える税理士法人
相続専門チームで「争続」を防ぐ手厚い事前対策サービスを提供

税理士法人恒輝は、東京都墨田区と福岡県福岡市に拠点を構える会計事務所。「争続」を未然に防ぐ事前の相続対策に力を入れており、顧客の相談に合わせて経験豊富な相続専門家チームを編成する。

高度な顧客支援ノウハウをもつ2つの会計事務所が合併

私たち税理士法人恒輝は、1964年開業の東京事務所（榎本税務会計事務所）と、1998年開業の福岡事務所（福田税務／労務合同事務所）が合併し、2014年8月に法人として新たなスタートを踏み出した会計事務所です。

歯科・医科業界の顧問先様を多く抱える福岡事務所、業種に偏ることなくオールマイティーに顧問先様をご支援する東京事務所。2つの事務所が遠く離れた地で培ったスキームを統合し、税務・労務・法務を兼ね備えたワンストップサービスを提供しています。

弊所は事業の承継や相続、医療法人成りのお手伝いをすることが多く、パートナー士業と連携し、迅速かつ適切な申告や届け出をしています。

また、某不動産グループのマンション経営オーナー様の顧問をしている関係から、相続のご相談を毎年多数頂いています。そして不動産相続だけでな

税理士法人 恒輝

く、顧問先様の二次相続まで含めたトータルなご支援を行っています。

これまでに取り扱った相続案件は100件以上。それぞれの顧問先様のそれぞれの事情に配慮し、ご納得いただける適切な提案をしており、ご好評を頂いています。

家族の安心を実現する事前の相続対策

「残すほどの資産はない。兄弟や親戚とも仲がよいから大丈夫。いつも口頭で伝えているから、皆分かっている……」。果たしてそうでしょうか。弊所では、相続が起こる前に行う事前の相続対策で、ご家族の安心を実現することを強くお勧めしています。

家庭裁判所の遺産分割に関する認容・調停成立案件のうち、8割弱が資産5000万円以下の案件です。資産の大小は関係ありません。仲がよくても「争続」になる可能性があります。いざというときに、家族がどうなるのかは誰にも分からないのです。

相続を考えることは、愛する家族を思いやること。贈るのは「安心」です。自分の資産を家族にどう分けるのか、今から明確にしておきましょう。

弊所では、税理士、社会保険労務士、弁護士、司法書士、不動産鑑定士など、各分野のプロが一丸となって、あなたの相続について一緒に考えます。

また、企業にとっても相続は大事なこと。日本は世界一の長寿企業大国です。先人が築いた経験と知恵に最新の知見とノウハウを組み合わせて、新しい100年企業づくりに貢献すること。これが私たち税理士法人恒輝の究極の目標であり、存在理由です。

顧客の相談をもとに個別の専門家チームを編成

弊所はお客様との相談会の後、それぞれのケースに合った経験豊かな相続チームをつくります。ご家族が安心できる分かりやすい説明を心がけているほか、初回の1時間は無料で相談できますので、お気軽にご利用ください。

税理士法人 恒輝
代表者：榎本恵一、福田英一
職員数：50名（東京事務所19名、福岡事務所31名）

東京事務所（東京税理士会本所支部）
東京都墨田区両国3-25-5　JEI両国ビル3F
ホームページ：http://www.ecg.co.jp
相続相談窓口：03-3635-3507

福岡事務所（九州北部税理士会西福岡支部）
福岡市城南区鳥飼5-20-11　ニューストリートビル
ホームページ：http://www.fukuda-j.com
相続相談窓口：092-833-5181

相続に強い頼れる士業・専門家50選　第1部

さいとう税理士法人
SAITO ASSOCIATES

齊藤司享代表

さいとう税理士法人のスタッフの皆さん

多様な専門家が所属する総合事務所グループ
相続のさまざまな問題をワンストップで解決する総合力が強み

さいとう税理士法人は、東京都大田区に拠点を構える総合事務所グループSAITO ASSOCIATESの中核となる会計事務所。田園調布の資産家の支援を多く手がけており、相続支援に関する高度なノウハウを蓄積している。

多様な専門家が
所属する総合事務所

SAITO ASSOCIATESは、昭和27年6月に先代の齊藤監太朗により創業されました。現在は、さいとう税理士法人、さいとう経営センター株式会社、株式会社サンガアソシエイツ、株式会社ベネフィックスエフピー、サンガ行政書士法人の5社で運営されています。

当グループには、税理士4名、公認会計士1名が所属しており、総勢38名の人員で、お客様がワンストップでなんでも相談できる事務所を目指しています。

田園調布の資産家の支援で
高度なノウハウを蓄積

さいとう税理士法人が所属する雪谷税務署は田園調布を管轄しているため、当事務所は相続案件に対応することが多く、1年で30件程度の申告案件を取り扱っています。

専門部署である相続コンサルティン

グ部は現在7名の人員で活動しており、そのなかには通常の税務を扱わないFPの専担者も2名います。

事後の相続税の申告だけでなく、相続仮計算やライフプランの作成、相続事前対策も手がけています。FPの会社であるベネフィックスエフピーは宅建業者の免許を持ち、建築に関しても大手業者と提携しています。また、遺言書の作成や遺産分割協議書の作成、相続後の名義書き換えにはサンガ行政書士法人がお手伝いをさせていただきます。

書面添付制度を導入する
税務調査に強い事務所

当事務所の大きな特徴は、申告案件の全てに書面添付制度を導入していることです。書面添付制度では、申告書の正しさを税理士が保証するため、税務調査が入る可能性が大きく下がります。

申告書の作成にあたっては、預金の通帳などは生前贈与加算の3年分だけでなく、保存されているものを全てお預かりして、贈与に関するものまで丁寧にチェックします。また、専用のチェックリストを使用して、担当者だけでなく、代表を含めた2名が内容をチェックします。判断に迷う案件に関しては、顧問になっていただいている元国税不服審判所所長の税理士や、相続に強い弁護士に判断を仰いでいます。

相続専門の相談窓口で
初めての相続にも丁寧に対応

当事務所は、田園調布相続支援センターという名称で、相談窓口を設置しています。相続を初めて経験される方のご相談にも丁寧に対応し、分かりやすくご説明するように努めています。初回相談は無料ですので、ぜひお気軽にお問い合わせください。

親族間の争いのない円滑な相続を実現するためにも、相続の事前対策や遺言書の作成を強くお勧めしています。

さいとう税理士法人

代表者：齊藤司享（さいとうもりたか）（東京税理士会雪谷支部）

職員数：38名

所在地：〒145-8566　東京都大田区南雪谷2丁目20番3号

ホームページ：http://bene-sa.co.jp/

相続相談窓口　TEL：03-3727-6111　FAX：03-3720-3207

志賀暎功税理士事務所
(てるよし)

志賀暎功代表

業歴32年の国税OB税理士が代表の会計事務所
判例研究に基づく隙のない申告書で税務対策に強み

志賀暎功税理士事務所は、東京都文京区に拠点を構える会計事務所。業歴32年の国税OB税理士である志賀暎功氏が代表を務めている。相続税申告に関する判例・裁決などを徹底的に研究し、隙のない万全の申告書を作成するのが特長。

相続税・贈与税・税務調査に強い
国税OBが代表の会計事務所

　志賀暎功税理士事務所は、代表の志賀暎功が、昭和60年7月に27年間勤務した国税の職場を退職し、同年8月に開業した業歴32年の国税OBの税理士事務所です。国税での豊富な経験をもとに、相続税申告、贈与税、税務調査などに強い税理士として、ご相談いただいたお客様より喜びのお言葉を頂戴しています。

　事務所のスタッフは、税理士を含めて3名です。創業以来のお客様がメインですが、平成27年の相続税の増税による事業承継などを見込んだ相続対策も行っています。

徹底した判例・裁決研究により
万全な申告書を作成

　平成28年の事例をご紹介しましょう。申告期限2カ月前になっても担当税理士が相談に乗ってくれないとのことで、相続税申告書の見直しを依頼された案件です。

(1) 小規模宅地の特例を利用した相続税申告書の税額は約400万円。
(2) 遺産分割協議書が作成されていなかった。
(3) 新潟県N市に所在の原野3000㎡が倍率で計算されていた。

当事務所で検討した結果、以下のような対応を行いました。

⑦ 上記(1)、(2)より、小規模宅地の特例が否認される。遺産分割協議書を作成し、約300万円納税額が減少した。
④ 上記(3)の原野の利用状況を尋ねたところ、昭和35年の信濃川の大洪水で消失してしまい現存しない。N税務署に照会した結果、過去に同様の相談があって評価額0とした例があり、所轄署で相談してほしいとの回答があり、所轄署でも0評価を承認された。
⑦ N市役所の調査では現在該当地番がなく、所在地が不明である。

その結果、相続税の納税額が約100万円ですむという成果がありました。そのほかにも、当事務所では次のような成果を挙げています。

① 甲の相続税1600万円の過納額が更正の請求で全額還付
② 乙の相続税調査で重加算税600万円全額取り消し還付（国税庁発遣の相続税の重加算税の賦課基準に該当せず）を行い、本税2500万円更正の請求で全額還付（相続財産でないことを立証した）

当事務所では、相続税申告に関する判例・裁決などを徹底的に研究し、さらに弁護士、司法書士などの提携士業と連携し、疑問点を検証して申告書の正当性を確認しています。また、相続税の調査対策として、申告書の作成根拠を詳述した書面添付制度を導入するなど、万全を期しています。

当事務所では代表税理士の志賀が、相続や事業承継などについて、無料相談を承っています。初めて相続を経験される方のご相談にも、懇切丁寧に、分かりやすくご説明させていただいています。「争続」の起きない円満な相続のためにも、事前対策のご相談をお勧めします。

当事務所にお問い合わせをいただいた方には、志賀の著書「相続の税金と対策」（分かりやすい相続の解説書）、「相続は準備が9割」を進呈いたします（FAXでのお問い合わせもご対応します）。

志賀暎功税理士事務所
代表者：志賀暎功（税理士／東京税理士会本郷支部）
職員数：3名
所在地：東京都文京区向丘2-36-9-401
ホームページ：
　http://www.shiga-tax-ao.com
相続相談窓口
　電話：03-5832-9941
　FAX：03-5832-9942
　メール：ta-shiga@ams.odn.ne.jp

税理士法人 税務総合事務所

中嶋浩三代表

白鳥昌彦代表

資産税を強みとする総合税務のスペシャリスト集団
財産コンサルティング会社と連携して顧客の中長期的な財産保全を実現

税理士法人税務総合事務所は、秋葉原、千葉、柏、津田沼の4つの拠点を構える会計事務所。資産税に特化している一方で、ポートフォリオ分析やリスクコントロール分析などの広い視野にもとづく提案も得意とする。

資産税を中心に
総合税務の高度なサービスを提供

税理士法人税務総合事務所は、昭和53年に開業した鷹野保雄税理士事務所を母体とする、資産税に特化した会計事務所です。現代表の中嶋と白鳥のもとに約30名のスタッフがおり、秋葉原、千葉、柏、津田沼の4拠点を構えています。

私たちは、資産税を中心としつつも、クライアントの皆様のあらゆる税務環境に対応する総合税務のスペシャリストです。お客様が抱える相続の疑問や悩みを、所得税、法人税、相続税の枠組みを超える広い視野で分析し、核心を捉えたご提案をいたします。

毎年100件前後の
相続案件をこなす

私たちはこれまで40年にわたり、資産税に特化した事務所として活動をしてきました。今では毎年100件前後の相続申告、相続手続きに関連した案

件に携わっています。

資産といっても土地、建物、未上場株式、金融資産などさまざまです。財産コンサルティングに強い青山財産ネットワークスグループとの連携により、相続申告業務だけでなく、お客様のポートフォリオ分析、リスクコントロール分析なども積極的に行い、中長期的な提案業務を提供しています。

丁寧なヒアリングで生前対策を支援

相続の問題を解決するには、何といっても生前対策です。何の対策もなく相続が発生したとき、財産を承継して問題に直面し、苦労をするのは残された相続人の方々です。

相続対策においては、相続税の金額を抑えることも大切なのですが、実際に納税が可能なのか、誰がどの財産を引き継いでいくのかを事前に考えておくことが大変重要です。

生前に入念な準備をして円満な相続を実現させるのか。それとも相続人で争う「争続」になるのか。私たちはお客様とのヒアリングを通じて、現在の状況を分析してから、今後どうしたらよいのかをご提案し、対策を実行させていただきます。

必要な費用を事前に提示

当事務所に相談をご希望でしたら、まずは無料の相続相談窓口にご連絡ください。

日程を調整のうえ、基本的に初回は当事務所までご足労をいただいています。その際、相談時に必要な書類を事前にご連絡させていただきます。

その後、初回の面談をもとに、契約内容に応じた料金提示をさせていただきます（ここまでは無料でのご対応となります）。

初回面談の時点で、大まかな料金提示は口頭でお伝えさせていただいています。事前に必要な費用が分かりますので、相続の悩みがありましたら気軽に当事務所までお問い合わせください。

税理士法人 税務総合事務所

代表者：中嶋浩三（千葉県税理士会柏支部）・白鳥昌彦（東京税理士会神田支部）
職員数：30名（税理士5名）
所在地：本店　東京都千代田区神田平河町1
　　　　　　　第3東ビル
　　　　千葉事務所　千葉市中央区弁天1-14-16
　　　　柏事務所　柏市松葉町6-6-6
　　　　津田沼事務所　習志野市谷津1-16-1

ホームページ：http://www.zsj.or.jp
相続相談窓口：本社連絡先 03-3863-5250

相続サポートセンター
（ベンチャーサポート税理士法人）

古尾谷裕昭代表

相続の悩みに丁寧に対応するスタッフの皆さん

**相続税申告案件年間600件以上の大型税理士法人　　　　　　　　　　　　　　　　　　　　　　　
丁寧でわかりやすいサポートと
税務署に指摘を受けない申告のための元調査官との三重検査態勢が強み**

相続サポートセンターは、同一グループの司法書士法人、行政書士法人、弁護士法人などと一体となって連携しており、どのような相続の相談にも一回で対応できるのが特徴。

大型税理士法人の相続専門部署

相続サポートセンターは、全国12拠点450名のスタッフが働くベンチャーサポート税理士法人を母体とする相続専門部署です。相続専門部署は、東京（銀座・渋谷・新宿・池袋・日本橋）、神奈川（横浜）、大阪（梅田・本町・難波）を拠点に展開し、相続税のみを取り扱う税理士と、グループ内の司法書士法人、行政書士法人、社会保険労務士法人、弁護士法人が連携を取り、相続に関するあらゆる疑問や相談にいち早く対応できる態勢を整えています。

顧問先数6000件
相続税申告案件年間600件以上

2003年8月の創業から14年間、法人税業務、相続税業務に従事し、顧問先数は6000件を超えました。相続税に関するお客様からの依頼が近年急増したことから、相続専門部署の設置に

至りました。現在では、相続税申告を依頼されるお客様の案件数は、年間にすると600件以上になります。

相続サポートセンターにはさまざまな士業が在籍していますので、相続税申告以外にも、相続手続業務、相続登記、生前対策など、多岐にわたるご相談・ご依頼を受けています。

どこよりも丁寧に、少しでも安く、万全に

相続サポートセンターは、初めて相続税申告する人を、どこよりも丁寧にわかりやすくサポートすることを強みとしています。

また、相続では「少しでも税金を安くしたい」という考え方と、「税務署で指摘されたくない」という意向が多いのですが、これらを両立するのは簡単ではありません。そこで、税務署の相続税部門で長年税務調査を行ってきた元国税調査官を社内に招き入れ、社内の代表税理士、ベテラン担当者の3人による「三重検査態勢」で、高品質の相続税申告をお約束しています。

また、税務調査が行われる確率を引き下げるため、「書面添付制度」を積極的に推進しています。こうした体制により、申告書について税務調査を受ける割合は、過去100人に1人未満に抑えることに成功しています。

相続専門スタッフが相談に対応

相続サポートセンターは、東京、神奈川を中心とした関東近県、大阪を中心とした関西近県のお客様の相続について、相続専門のスタッフがご相談に応じています。弊社事務所、あるいはお客様のご自宅に訪問して、無料の相談をさせていただいています。相続に関するあらゆるご質問をお聞きし、概算の相続税の見込額と、弊社の報酬のお見積もりをお伝えします。

専門家への無料相談は相続の第一歩です。何でも聞いていただければと思います。お気軽にお電話ください。

相続サポートセンター（ベンチャーサポート税理士法人）
代表者：古尾谷裕昭（東京税理士会京橋支部）
職員数：450名（相続専門部署50名）
所在地：銀座オフィス：東京都中央区銀座3丁目7番3号 銀座オーミビル8階
　　　　渋谷オフィス、新宿オフィス、池袋オフィス、日本橋オフィス、横浜オフィス、
　　　　梅田オフィス、本町オフィス、難波オフィス、他3拠点。
ホームページ：https://support-sozoku.com/
相続相談窓口　電話：0120-169-760、Eメール：souzoku@venture-support.jp

税理士法人タックスウェイズ

(左から) 田中一税理士、後藤勇輝代表、山岸正夫税理士

目黒オフィス

落ち着いた雰囲気の応接室

40年の歴史を持つ地域密着型会計事務所
目黒区や港区の地域事情に即した的確な提案が強み

税理士法人タックスウェイズは、目黒オフィスと赤坂オフィスの2拠点を持つ会計事務所。創業から40年にわたり、地域の資産家の相続支援、事業承継対策に取り組んでおり、資産防衛に関する豊富なノウハウを蓄積している。

目黒区と港区に拠点を構える会計事務所

　税理士法人タックスウェイズは、目黒区目黒と港区赤坂見附の2カ所に拠点を構える会計事務所です。当社の創業は昭和50年で、これまでに5つの事務所を経営承継しながら成長してきました。

　現在当社には、パートナー税理士3名を含む、総勢13名のスタッフが所属しています。

40年にわたり地域の資産家の相続・事業承継を支援

　当社は創業以来一貫して、エリア密着型の相続支援や事業承継対策に取り組んできました。特に目黒オフィスは40年ほどの歴史があり、地域の不動産オーナー様の資産承継や、企業の経営承継に関する多数の実績を積んでいます。

　おかげさまで当社の取り組みは、地域の資産家の皆様から高く評価してい

ただいており、現在も年に100件超の相続相談が寄せられています。

その一方で、近年では、不動産運用をする会社員の方から相続税や贈与税について事前対策のご相談を受ける機会が増えてきました。

当社はこのようなお客様へのご対応に関しても実績を積んでおり、不動産を所有する法人の設立も含めて、お客様に納得していただけるさまざまなご提案が可能です。

地域の実情に即した相続対策を提案

当社は、地域の実情に即した相続支援、事業承継支援を得意としています。特に目黒区や港区の地域事情には精通しており、相続や相続税対策に関するさまざまなご提案が可能です。富裕層の方の資産管理会社、不動産所有会社についても豊富なノウハウを有しています。

代表の後藤は、不動産税務と相続税を専門分野としています。不動産税務に関する書籍を出版しているほか、大手不動産販売会社の税務相談顧問を務めたり、大手ハウスメーカーなどと提携したりしています。

当社は相続および不動産税務に関する専門部署を設けています。ここには資産税専門スタッフや行政書士などが所属しており、お客様のご相談に複数の専門家が連携して対応しています。

丁寧な相談対応で依頼人の想いを聴く

相続に関する相談は人に知られたくないというご依頼人様には、当社のオフィスにお越しいただいています。ご依頼人様の自宅へ伺って相談をお受けすることも多くあります。

相談をお受けする際に心がけているのは「お聴きすること」です。時間で区切らず、可能なかぎり、相続への想いをお聴かせいただくようにしています。

相続でお悩みの方は、ぜひお気軽に当社までお問い合わせください。

税理士法人タックスウェイズ
代表者：後藤勇輝（税理士・目黒オフィス代表／東京税理士会目黒支部）
職員数：13名（税理士3名、公認会計士1名、行政書士1名）
目黒オフィス：東京都目黒区目黒2-10-8　第2アトモスフィア青山ビル6階
赤坂オフィス：東京都港区赤坂3-2-2　日総第24ビル5階
ホームページ：http://taxways.jp/
相続相談窓口：フリーコール 0120-945-845
　　　　　　ご相談はご面談から始めております。まずは、お電話にて日時をご予約ください。

税理士法人チェスター
株式会社チェスター

福留正明代表

荒巻善宏代表

相続の悩みに丁寧に対応するスタッフの皆さん

相続税申告実績3000件の相続税専門会計事務所
徹底したチェック体制により税務調査率はわずか1％

税理士法人チェスターは、東京、横浜、名古屋、大阪に拠点を持つ相続税専門の会計事務所。累計3000件を超える相続税申告の実績がある。税務調査に入られる確率をわずか1％に抑える高度な申告ノウハウを有する。

総勢100名のスタッフを擁する相続税専門会計事務所

　税理士法人チェスターは、東京（三越前、新宿）、横浜、名古屋、大阪に拠点がある相続税専門の会計事務所です。総勢100名のスタッフが所属しています。

　当事務所の主要なお客様は、不動産オーナー、企業役員、地主、医師、中小企業オーナーなどの資産家の方々で、相続税の生前対策から相続発生後の相続税申告手続きまで、ワンストップで対応しています。

相続税申告実績は業界トップクラスの3000件

　私たちには税理士業界トップクラスの相続税申告実績があり、資産家の方の相続税対策、事業承継対策、相続税申告のサポートを行っています。

　私たちが行った相続税申告の実績数は、2015年度が472件、2016年度が702件となっています。累計では

3000件を超える相続税申告のお手伝いをしています。

税務調査率1％の徹底した税務署対策を実施

税理士法人チェスターの大きな特徴は、相続税の税務調査率をわずか1％に抑えていることです。通常、相続税の税務調査は約20％の確率で入りますが、当事務所では税務調査に入られにくい申告書を作成する経験やノウハウがありますので、税務調査を回避することが可能です。

私たちの事務所には、豊富な経験を持つ専門職スタッフが総勢100名在籍しており、国税専門官として税務調査に関わった経験を持つ国税OB税理士、ベテランスタッフが申告書を丁寧にチェックします。専門家の複数の目でしっかり確認をすることで、税務署から指摘を受けない相続税申告を実現しています。

さらに当事務所では、申告書の内容が適正であることを税理士が保証する書面添付制度を導入しています。申告書の正しさを税理士が保証するため、税務調査が入る可能性が大きく下がります。

初回面談時に必要な費用が分かる安心の対応

税理士法人チェスターは、東京（三越前、新宿）、横浜、名古屋、大阪の5つの拠点で相続税のご相談に対応しています（詳細は下記のホームページを参照してください）。相続発生後のご相談は初回面談無料でご対応していますので、ぜひお気軽にご相談ください。

初回のご面談の際に、私たちが提供するサービスの詳細や、税理士報酬のお見積もりを出させていただきます。フリーダイヤルでのお電話、もしくはホームページ内のお問い合わせフォームから、初回面談のご予約が可能です。

税理士法人チェスター
代表者：福留正明　荒巻善宏（東京税理士会日本橋支部）
職員数：106名（税理士30名、公認会計士6名、不動産鑑定士1名、行政書士2名）
所在地：東京事務所、新宿事務所、横浜事務所、名古屋事務所、大阪事務所
ホームページ：http://chester-tax.com
相続相談窓口　電話：0120-888-145
メール：info@chester-tax.com

JPA総研
日本パートナー税理士法人
相続対策推進部

神野宗介代表（スピーチをしている方）と幹部の皆さん

全国8拠点の総合法律事務所グループ
相続のベテラン専門家がさまざまな問題をワンストップで解決

日本パートナー税理士法人は、全国に8カ所の拠点を構える会計事務所として相続支援に長年取り組んできたベテランの専門家を多数擁しており、相続税申告だけでなく、ハッピーエンディングノート作成支援業務による遺産整理や遺言書作成など多様なおもてなしサービスの相談にワンストップで対応しております!!

全国8拠点、職員数150名の総合法律事務所グループ

　日本パートナー税理士法人は、現代表の神野宗介が昭和41年2月に神野税務会計事務所として開業しました。創業52年目となる現在では社員数が150名になり、総合法律・経済関係の事務所として、クライアントの要求にワンストップで応えられるおもてなしサービスの会計事務所です。

　特に相続対策支援業務については、代表の神野宗介、会長の田制幸雄、社長の大須賀弘和、副社長の安徳陽一、副社長の鈴木忠夫が積極的に携わっており、本部と7つの支社にはベテランの専門スタッフがいます。

　また、相続関連の法律上の手続きや、名義変更などの遺産整理、遺言書作成などを専門に担当する法人である日本パートナー行政書士法人が取り組んでいます。

　近年では、相続対策の極めとして、安心老後提案のためのハッピーエンディングノートの作成を支援する継続関与も増え続けています。

業歴豊富な専門家が相続問題を総合的に解決

会長の田制はもっとも古くから相続を扱っており、特に不動産に関しては豊富なノウハウを有しています。相続分野の業歴は40年になり、扱った件数は300件を超えています。

また、副社長の安徳は、ここ10年以上相続業務の中心メンバーとして、年間30件以上をこなしています。法人、個人の顧問先、不動産業者、葬儀社からの紹介などで、取り扱った案件は累計400件以上になります。

当事務所には上記の2名以外にも、専門的知識とプロ意識を持つ担当者が多数在籍しており、金融機関など関係方面から高い評価を頂いています。

元税務署長を始めとする相続専門税理士が顧客をサポート

当事務所は、資産税専門畑を長く歩かれ、税務署長も歴任された国税OB税理士に専属顧問をしていただいており、相続案件の相談に乗っていただいていま
す。また、豊富な経験をもつ当事務所のベテラン税理士が、複数の目で相続税申告書をチェックします。さらに、書面添付制度も基本的に行っています。

それに加えて、税務だけでなく、測量、登記、名義変更、財産の評価といったご支援もしており、お客様から大変喜ばれております。

遺族の二次相続や老後についても、親身になって相談役となる継続顧問契約を結び、推進しています。

全国8拠点で相続の相談に対応

当事務所は相続相談窓口を設けており、本部や各支社の所長税理士が代表して応接いたします。

初めての方にも丁寧に対応し、分かりやすくご説明いたします。初回相談は無料ですし、豊富な経験と実績をもつ専門税理士20名と行政書士15名により、当事務所の相談窓口は親身なおもてなし対応で評判を得ています。ぜひお早めにご相談ください。

日本パートナー税理士法人、日本パートナー行政書士法人

代表者：神野宗介（東京税理士会神田支部）
職員数：150名
所在地：東京都千代田区神田駿河台4-3
　　　　新お茶の水ビルディング17F
ホームページ：http://www.kijpa.co.jp/

相続相談窓口：
東京本部 03-3295-8477　　立川 042-525-6808
都心 03-5369-2030　　横浜 045-317-1551
東北本部 0243-24-1351　　福島 024-503-2088
郡山 024-923-2505　　仙台 022-748-5641
神野代表 090-8789-0240

藤本税務会計事務所

藤本昌久代表

武蔵野の地に根ざした老舗会計事務所
絶え間ない研鑽にもとづく豊富なノウハウで顧客を支援

藤本税務会計事務所は、東京都世田谷区に拠点を構える老舗会計事務所。創業以来70年近くにわたり武蔵野の資産家を支援しており、特に土地の一部をマンション経営に活用している農家の相続対策、相続税申告を得意とする。

武蔵野の地に根付いて70年の老舗会計事務所

藤本税務会計事務所は、開業から70年近い歴史をもつ会計事務所です。現所長で税理士の藤本昌久は、先代から事務所を引き継ぎ、5名のスタッフで運営しています。

私たちは、お客様と接する頻度を可能なかぎり高め、本音を伺って課題を探ることが大切だと思っています。いずれは事務所の24時間営業も視野に入れながら、今は予約制で朝7時から夜8時まで応対しています。

手厚いサービスと大手に負けない情報をご提供していくのが、当事務所の基本的スタンスです。

相続の案件は、所長の藤本が直接扱います。資産税は専門知識の有無で大きな差がつきますが、当事務所は先代から約70年にわたり財産にかかわる税金を扱ってきました。

移り変わりの速い税制のもと、他の税理士との研究会などを通じて絶えず

研究し、周辺研究機関や業者との情報交換も行い、すばやい情報入手を実現しています。それにより、税務だけでなく、測量や土地家屋の調査、建築の知識、土地整理の交渉術といった情報もご提供いたします。

当事務所は先代の頃から武蔵野の地で税理士をやっていますので、この地域に多い、土地の一部をマンション経営に活用している農家の皆様の相続対策、相続税申告には豊富なノウハウを有しています。所長が直接扱うからこそ、総合的な知識を生かしたアドバイスができます。

書面添付制度で税務調査を回避

当事務所は書面添付制度を活用して、税務調査のない申告を目指しています。書面添付制度は皆様にはまだ馴染みが薄いようですが、税理士がお客様のどの書類をどのようにチェックして申告しているか、また、どのようなご相談を受けたのかを書面に書いて、申告書に添付して税務署に出す制度です。いわば税理士が書く内申書のようなものです。この書類を出しますと、税務署はお客様のところへいきなり調査に入るのではなく、まずは税理士の意見を聞くようになります。そして、そこで納得できれば調査をしません。

当事務所はこの書面の内容を充実させ、税務署が納得するように努めており、実際にこの意見聴取のみで、調査が行われないことが多くなっています。お客様からは、税務署と接する必要がなくなったと大変感謝されています。

顧客の相談に所長が対応

まずは藤本までお電話をください。その後、直接ご来所いただいて、ご面談をさせてください。藤本の人柄もご理解いただけると思います。

相続は、皆さん初めて経験される方ばかりです。分からないことだらけだと思いますが、きっと面談のあとは、「分かって」お帰りいただけると思います。初回相談は無料ですので、ぜひお気軽にお問い合わせください。

藤本税務会計事務所

代表者：税理士　藤本昌久（東京税理士会世田谷支部）

職員数：5名

所在地：〒157-0072　東京都世田谷区祖師谷4-6-4

ホームページ：http://www.taxfuji.com

相続相談窓口：電話 03-3483-2002　　メール info@taxfuji.com

税理士法人HOP
HOPグループ

小川 実代表

相続セミナーを開催する広いイベントスペース

全国に3万人いる「相続診断士」を生み出した会計事務所
遺族が感謝の気持ちで相続を迎えられる相続事前対策を推進

税理士法人HOPは、東京都中央区に拠点を構える会計事務所。代表の小川 実氏は、3万人が資格を持つ相続診断士の生みの親。遺族が笑顔で相続を迎えられる笑顔相続の実現をミッションに掲げ、相続事前対策の支援を強力に推進。

全国に3万人いる「相続診断士」の生みの親

税理士法人HOPは会計事務所グループHOPグループの中核部門で、税理士の小川 実が平成14年に設立しました。HOPグループには、代表の小川を含む7名の税理士、3名の社会保険労務士、1名の司法書士、3名の行政書士、総勢25名のスタッフが所属しています。

HOPグループはミッションとして、

①中小企業のかかりつけ医として、どのようなご相談にもワンストップで対応する。
②「争族」をなくし、笑顔相続を増やす。

を掲げ、業務に取り組んでいます。

「争族」をなくすというミッションを実現するため、代表の小川は平成23年に、一般社団法人相続診断協会を設立し、「相続診断士」という資格の普及に取り組んでいます。

相続診断士は、「争族」をなくし、

税理士法人HOP

笑顔相続を増やすことをミッションとする相続相談の専門家です。現在までに、3万人を超える資格者を輩出しています。生命保険業、不動産業、証券業、銀行などの金融業、税理士、弁護士、司法書士、行政書士などの方々が、相続診断士の資格を取得し、他の分野の専門家と連携しながら、全国各地でたくさんの人々の相続の相談に応じています。

HOPグループも、年間100件以上の相続の相談を受任しています。

本当の相続支援のプロとは

相続支援のプロと聞いて、皆さんはどのような人物をイメージするでしょうか。一般的なのは、「節税に強い税理士」「保険や不動産の専門家」でしょう。しかし、節税や保険、不動産に詳しいだけで、本当に相続支援のプロといえるのでしょうか。

小川が考える相続支援のプロとは、「お葬式で残された遺族が、故人や先祖に感謝して、故人の遺志を引き継ぎ、残された家族が一丸となって仲良く生きていけるようにする人」のことです。

それを実現するためには、財産を残したい人の相続事前準備を促し、遺族が遺産分割でもめることなく、相続税を心配なく払えるように支援をしなければなりません。ちなみに、節税は守るべきものを守るために最大限行うものであって、ただやみくもに行えばよいというものではありません。

当事務所は相続をこのような視点で捉え、お客様を笑顔相続に導くためにさまざまなご支援をしています。

「笑顔相続落語」で相続を知る

相続についてのご相談がある方は、電話やメールでお気軽に当事務所までお問い合わせください。ご相談に対応するのはもちろん、相続セミナーやエンディングノートに関するセミナーなどのご案内もしています。また、「笑顔相続落語」という創作落語で、相続の大変さ、準備の大切さを伝えるイベントも開催しています。

税理士法人HOP

代表者：小川　実（税理士／東京税理士会日本橋支部）
職員数：25名（税理士7名、社会保険労務士3名、司法書士1名、行政書士3名）
所在地：東京都中央区日本橋人形町2-13-9　FORECAST人形町7階
ホームページ：http://www.zeirishihoujin-hop.com/

相続相談窓口　電　話：03-5614-8700
　　　　　　　メール：info@group-hop.com

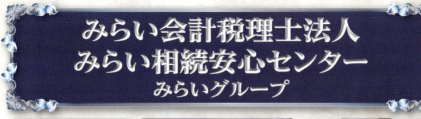

みらい会計税理士法人
みらい相続安心センター
みらいグループ

増田正二代表

顧客の相談に丁寧に対応するスタッフの皆さん

「相続税法の先生」が代表を務める会計事務所
豊富な税務知識に基づき、トラブルを未然に防ぐ相続事前対策を提供

みらい会計税理士法人は、東京都豊島区に拠点を構える会計事務所。代表の増田正二税理士は相続税の専門家で、税理士のための勉強会を主催するなど豊富な税務知識をもつ。「争族」を防ぐため、相続事前対策に特に注力している。

東京都内の地主や資産家を支援する会計事務所

みらい会計税理士法人は、税理士の増田正二が昭和54年に開業した会計事務所です。事務所には、代表の増田を含む3名の税理士、総勢23名のスタッフが所属しています。スタッフのなかには、税理士試験の相続税法合格者や不動産の専門家、ウェブサイト構築に詳しい者などがおり、幅広い知識を駆使してお客様の支援に取り組んでいます。

事務所の場所柄、当社のお客様は豊島区、練馬区、板橋区などの地主や資産家の方々が多く、賃貸マンションやアパート経営などの支援、遺言書の作成支援、相続事前対策支援には特に力を入れて取り組んでいます。

代表の増田は、税理士の受験学校で相続税法の講師を長年務めていたほか、大手不動産会社に勤務した経験があります。税理士事務所を開業してからは、相続税の専門家として相続の仕事を多

く手掛け、これまでに取り扱った案件は数百件になっています。

これまでの仕事で特に忘れられないのは、増田が相続の執行人として取り仕切った案件です。親族の誰もが大荒れになるだろうと予想していた相続手続きを、無事に完了させることができました。相続人からは「ありがとう」と何度もお礼を言っていただき、最後には「増田先生には足を向けて寝られない」とのお言葉までいただきました。

たゆまぬ研鑽で
資産税に関する高度な知識を保有

私たちは幅広い税理士業務のなかでも、相続の専門家として、特に相続贈与の業務を得意としています。また、代表の増田は不動産会社に勤務した経験があるため、建物の建築をはじめ、不動産の売買や仲介、賃貸、管理などに関する幅広い知識を有しています。資産家の保有財産の70〜80％が不動産ですので、不動産の知識が特に役立っています。

また、約30年続く「戦略税務研究会」は、一貫して増田が世話人を務めています。この会は、資産税（相続税、贈与税、譲渡所得税）をテーマとした課題解決型の勉強会で、精鋭の税理士や公認会計士が会員として名を連ねています。毎月行われる勉強会では、会員の日常業務で実際に困った事柄、相談したい案件などを互いに持ち寄って議論をしています。会員が持ち寄る膨大な数の課題を研究することが、税務知識の向上に役立っています。

代表税理士が相続の相談に対応

当社は相続相談窓口を設置しています。代表の増田やベテランスタッフが、「相続を初めて経験される方」のご相談にも丁寧に対応いたします。「初回相談は無料」ですので、ぜひお気軽にお問い合わせください。

親族間の争いのない、円滑な相続を実現するために、「遺言書の作成」や「相続事前対策」に力を入れており、お勧めしています。

みらい相続安心センター

代表者：増田正二（東京税理士会豊島支部）
職員数：23名（税理士3名）
所在地：〒171-0014　東京都豊島区池袋2-23-24
　　　　　　　　　　藤西ビル別館2階
ホームページ：http://www.miraikaikei.or.jp
相続相談窓口　電話：03-3986-3551

税理士法人矢崎会計事務所

矢﨑誠一代表

スタッフの皆さん(前列右から4人目は先代の矢﨑一郎会長)

練馬区の地主を支援して70年の老舗会計事務所
500件を超える豊富な実績と顧客の想いに寄り添う姿勢が魅力

税理士法人矢崎会計事務所は、東京都練馬区に拠点を構える会計事務所。開業から70年の歴史があり、相続相談に関する500件以上の豊富な実績をもつ。顧客の相談に応じて専門家集団を形成し、円満な相続の実現に注力。

70年の歴史をもつ
地域密着型の老舗会計事務所

　税理士法人矢崎会計事務所は、昭和23年に開業した会計事務所です。現代表の矢﨑誠一は3代目で、事務所には総勢16名のスタッフが所属しています。

　私たちは開業から70年間、地元である練馬区の地主様の確定申告、そして相続のお手伝いをしてきました。当事務所は相続のご相談が多いので、相続税専門の担当者が在籍しているのも大きな特徴です。

相続相談500件、相続税
申告手続き300件の豊富な実績

　当事務所には相続のご相談に500件以上対応しているほか、相続税の申告手続きに関しては300件以上の実績があります。税務調査への対応も経験していますので、税務調査で指摘をされない相続対策、相続税申告には大きな自信をもっています。

また、相続支援に関する100社以上の提携先を有していますので、当事務所にご相談いただければ、ワンストップで相続対策や相続の手続きが行えます。ご相談に対応する際には、お客様にとってベストアドバイスができる専門家を選別し、お客様ごとに最適解を提案できる専門家集団を形成して、円満な相続のお手伝いをさせていただいています。

顧客の想いに寄り添う
相続支援サービスを提供

当事務所の大きな特徴は、お客様の想いに沿ってサポートをさせていただく点です。

代表の矢﨑が、さまざまな財産を譲り渡す方、譲り受ける方の想いに触れてきて気づいたのは、相続の本来の目的は、相続税の節税ではなく、遺された方が明るく円満に幸せに暮らすことです。財産を譲り渡す方から譲り受ける方へ、「想いもしっかり相続させる」ことが、円満な相続を実現する鍵です。

そのような相続が実現できるように、私たちは日頃からお客様とのコミュニケーションをしっかりと行い、相続をきっかけに、財産を譲り渡す方、譲り受ける方がお互いの想いを理解し合える場を提供することを心がけています。

相続のさまざまな心配事を
相談窓口で解消

「自分が死んだら相続税や遺産分割がどうなるのか心配だ」

「相続対策を何から始めればよいのか分からない」

「息子や娘と相続について話したことがない」

「親に相続の話は切り出しにくい」

「アパートの空き室が目立ってきてこのまま子供に相続させた後が心配だ」

「相続の際には不動産を物納できるのか心配だ」

このような心配事がありましたら、まずは私たちに気軽にご相談ください。初回無料でお話を伺います。

税理士法人矢崎会計事務所

代表者：矢﨑誠一（税理士／東京税理士会練馬東支部）
職員数：16名（公認会計士2名、税理士2名）
所在地：〒176-0005 東京都練馬区旭丘1-67-2
　　　　YAZAKIビル101号
ホームページ：http://yazaki-kaikei.com/
相続相談窓口　電話：03-3951-5456

じっくり相談できる応接室

山下康親税理士事務所

山下康親代表

相続専門スタッフが多数所属

オフィスは中野坂上駅から徒歩5分

専門家の多様なネットワークを有する会計事務所
経営者や資産家の相続・事業承継の事前準備を支援

山下康親税理士事務所は、東京都中野区に拠点を構える会計事務所。創業者や資産家一族の世帯主が資産を次世代に円滑に引き継げるようにするため、相続・事業承継の事前準備の支援に力を入れている。

相続専門スタッフを
8名抱える会計事務所

山下康親税理士事務所は、税理士の山下康親が1985年に創業した会計事務所です。総勢23名のスタッフが所属し、相続専門スタッフは8名おります。不動産鑑定士、弁護士、司法書士など、さまざまな分野の専門家ネットワークと連携し、相続問題を円滑に解決いたします。

当事務所のお客様は、若手ベンチャー企業から老舗企業まで、業種も多岐にわたります。また、当事務所は個人資産家の相続資産の試算にも力を入れています。

相続への備えは
創業者や世帯主の大事な仕事

日頃から納税の支援を通じて富裕層の皆様を支援している私たちは、会社の創業者や、資産家一族の世帯主の方から、次のようなお話を聞くことがあります。

「創業した会社の業績が好調で、安定して利益を上げている」

「個人で所有している不動産がいくつもある」

「複数の会社を経営していて、株式を親族間で持ち合っている」

このようなお話を伺うと、相続への備えをきちんとされているのだろうかと心配になります。私たちがよく耳にするのは、こんなお返事です。

「相続が発生してから考える」

「今はうまくいっているから、問題ない」

「自分の後の者が自由に決めればいい」

多くの方が、このように考えておられるのではないでしょうか。しかし、それではうまくいかないのが現実です。

なぜなのかといいますと、創業者や世帯主の方が、他の関係者にとってあまりにも偉大だからです。その方が生前にはあまり問題視されていなかったことが、相続が発生したとたんに噴き出すのです。

それを「自由に決めれば……」でよいのでしょうか。

相続への備えは、創業者や世帯主の大事な仕事のひとつです。

初回無料の相談から さまざまな対策を提案

当事務所では、相続・事業承継の事前準備をお手伝いしています。

ご相談は初回無料で受け付けていますので、ささいなことでもぜひご相談ください。初回のご相談内容から、今後の方針を策定いたします。

具体的には、以下のようなご提案が可能です。

①不動産・株式の評価
②相続税の試算
③消費税の還付
④会社合併・分割
⑤株式交換・移転
⑥不動産の買い換え・交換

このほかにも、さまざまなサービスをご提供できます。まずはご相談ください。

山下康親税理士事務所

代表者：山下康親（東京税理士会中野支部）

職員数：23名

所在地：〒164-0012　東京都中野区本町3-30-14コアシティ中野坂上201号

ホームページ：http://www.office-y-y.com/

相続相談窓口：電話 03-5351-0800　メール yamashita@office-y-y.com

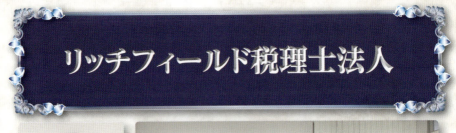

リッチフィールド税理士法人

多田美佐子代表

顧客の相談に徹底して対応する多田代表とスタッフの皆さん

医療・介護を得意とする会計事務所
家族の幸せと節税を考えた事業承継・相続対策を提案

リッチフィールド税理士法人は、東京都千代田区に拠点を構える会計事務所。顧客の半数が医療・介護関連で、業界特有の事情を考慮した相続対策が得意。遺産分割などのシミュレーションを顧客が納得するまで徹底して行う姿勢を貫く。

診療所・病院・医療法人の事業承継・相続対策

リッチフィールド税理士法人は、1985年に公認会計士・税理士の多田美佐子が開業した会計事務所です。顧客の半数は医療・介護で、新規開業のご相談から成長期、医療法人化を経て次世代への承継対策（身内への承継・相続、第三者への承継）までを手掛けています。残り半分は一般企業ですが、経営者の事業承継、相続対策は開業当初から積極的に携わってきました。

相続対策に関する当事務所の強みやモットーは下記の通りです。

①家族円満プラス節税を考えた遺産分割を提唱

②遺産分割と税額のシミュレーションをお客様が納得するまでやる

③診療所・病院経営・医療法人などの事業承継プラス節税を考えた遺産分割を提唱。後継者のいない診療所・病院の相続ご提案が可能

④事業の承継および会社の所有権と

経営権の引き継ぎプラス節税を考えた遺産分割を提唱

当事務所は、お客様がお元気なうちに事前に計画を立て、相続対策をある程度実行しておくという考え方を推奨しています。相続対策は、一朝一夕にやるより、時間をかければかけるほどよい結果が出る傾向があります。

一方で、不幸にして相続がもう間近に迫っているか、相続が発生してしまっている方のご支援にも積極的に取り組んでいます。

税務調査対策 ―書面添付―

相続税の税務調査は、受ける側にとって法人税等の調査とは異なる大変さがあります。慣れていないうえに、質問が何十年も前のことやプライベートな内容に及ぶこともしばしばあるからです。調査官としては職務上の質問をしているつもりでも、受ける側にとってはつらいと感じることが往々にしてあります。

こういった納税者の負担を軽減するために、当事務所では書面添付制度などを可能な限り活用して、納税者の負担軽減に努めています。

相続について考える皆様への一言アドバイス

不動産を所有されている方の相続対策・遺産分割は、時間をかけてじっくりシミュレーションをすることが必要です。事業や会社・医療法人を引き継ぐ場合の遺産分割は、遺言の作成が成否を分けます。二世帯住宅や、相続財産が自宅のみの場合の相続は、法定相続人の間での調整が必須です。

当事務所にご相談をいただければ、上記のような問題をお客様と一緒に解決いたします。

相続は、先に節税ありきではありません。相続は家族の幸せ、個人の有意義な人生の締めくくりとして、遺産分割などを考えるのが第一ステップです。私たちはお客様と一緒に問題解決に寄り添う存在でありたいと思っています。ご支援の結果として、もちろん節税も実現いたします。

リッチフィールド税理士法人

代表者：多田 美佐子（税理士／東京税理士会麹町支部）
職員数：22名（公認会計士1名、税理士5名、税理士科目合格者7名、社会保険労務士1名、行政書士1名、M&Aシニアエキスパート4名（一般社団法人金融財政事情研究会認定））
所在地：東京都千代田区九段南4-2-11　アビスタ市ヶ谷ビル6F
ホームページ：https://rich-field.or.jp/

相続相談窓口（初回相談無料）：電話 03-3262-8511　　メール office@rich-field.or.jp

税理士法人
アイユーコンサルティング

岩永悠代表

難しい相続の悩みにも丁寧に応える税理士の皆さん

大手コンサルティングファーム出身のプロフェッショナル集団
相続関係の手続きの迅速な処理、組織再編行為などの高度な提案が特長

税理士法人アイユーコンサルティングは、埼玉、福岡、北九州に拠点を構える税理士法人。所属税理士は全員が資産税分野を専門とし、会社法を活用した高度な提案が得意。相続関係の手続きを迅速に処理するワンストップサービスを提供。

大手コンサルティングファーム出身者が設立した会計事務所

当事務所は平成25年に岩永悠税理士事務所として開業し、平成27年に税理士法人アイユーコンサルティングに改組しました。平成29年10月現在、10名の税理士（20代〜30代で構成）を含む総勢24名のスタッフで運営しています。

当事務所に所属する税理士の多くは、資産税分野（相続税申告、相続対策、組織再編など）に特化した大手コンサルティングファームの出身です。そのため、当事務所も資産税分野を得意としています。分かりやすさとスピーディーな対応を信条に、お客様の財産を守るご提案をしています。

高付加価値サービスを提供するプロフェッショナル集団

代表の岩永は、大手コンサルファームで富裕層向けの資産税・事業承継コンサルティングや、相続税申告を毎年

30件以上手がけ、これまでに取り扱った案件は300件以上になります。

他の所属税理士も同様に、大手コンサルファームで高付加価値サービスを提供した実績を持っています。当事務所は高付加価値サービスを提供するプロフェッショナル集団として、おかげさまで金融機関や関与先などから高い評価を受けています。その証拠に、平成28年の相続・承継案件の取扱件数は162件となっており、全国でも上位の件数です。

相続関係の手続きを
ワンストップで行う

当事務所の特長は大きく2つあります。1つ目の特長は、相続関係の手続きをワンストップで行えるので、相続税の申告までの時間が短くて済むことです。また、二次相続以降のことも考えて、相続税額シミュレーションを行うことで、全体の税負担軽減を考えています。

2つ目の特長は、会社法を活用した組織再編行為（株式交換、分割、合併、移転など）のご提案ができることです。会社オーナーの相続対策には、自社株式の評価は必ずといってよいほど必要になります。組織再編行為を通じて、今までにないご提案を行います。

1回の相談で相続に関する
悩みを幅広く解決

相続の悩みに関しましては、ホームページやメール、フリーコールでお気軽にお問い合わせいただけます。

資産税専門のスタッフが多数在籍していますので、相続を初めて経験される方にも、分かりやすく丁寧にご説明いたします。初回相談は無料ですので、ぜひお気軽にお問い合わせください。

当事務所は資産税に強い司法書士法人や弁護士法人と提携しています。私たちに相談していただければ、相続税に関する問題だけでなく、相続手続きや相続事前対策、すでにトラブルが起きている相続まで幅広くワンストップでご対応いたします。

税理士法人アイユーコンサルティング

代表者：岩永悠（税理士・行政書士／関東信越税理士会川越支部）
職員数：24名（税理士10名、行政書士1名、宅建士2名）
所在地：関東事務所（埼玉県川越市）、福岡事務所（福岡県福岡市）、北九州事務所（福岡県北九州市）、東京事務所（東京都豊島区、平成30年4月開設予定）
ホームページ：https://www.taxlawyer328.jp/
相続相談窓口　電話番号：0800-111-7520
　　　　　　　メールアドレス：info@taxlawyer328.com

小野瀬・木下税理士法人

小野瀬益夫代表

相続業務を担当する茅根氏（写真左）と小山氏（同右）

水戸・ひたちなかの土地事情に精通した専門家が所属
不動産を持つ資産家の相続問題にきめ細かな対応

小野瀬・木下税理士法人は、茨城県水戸市とひたちなか市に拠点を構える会計事務所。創業時から相続支援に注力し、700件以上の案件に対応してきた実績を持つ。地域の土地事情に精通した専門家が資産家の相談にていねいに対応する。

茨城県中部の資産家、経営者を支援

小野瀬・木下税理士法人は、昭和60年開業の小野瀬会計事務所（現水戸本店）と、昭和44年開業の木下会計事務所（現ひたちなか支店）が、平成21年に合併して生まれた会計事務所です。水戸本店には代表税理士の小野瀬を含む3名の税理士、ひたちなか支店には所長の大川を含む3名の税理士がおり、2カ所合わせて総勢50名のスタッフが所属しています。

当事務所のお客様は、水戸本店では茨城県の医療・福祉施設のお客様が中心で、ひたちなか支店ではひたちなか市の中小企業経営者のお客様が中心となっています。これに加えて、不動産の賃貸をされている農家の方、お店を経営されているオーナー様など、地域の皆様のための相談業務に力を入れています。

相続案件700件以上の豊富なノウハウを蓄積

当事務所は創業時から、市内の不動産業者、建設業者などとの情報交換、連携により、不動産などを持つ資産家のための相続税の申告、相続に関する相談業務に取り組んでいます。これまでに取り扱った件数は2カ所で700件以上になっており、現在でも年間20件以上の申告を扱っています。なかでも、遺産に不動産の占める割合が多い農家の皆様に対しては、地域の事情に即したきめ細かな対応をさせていただいております。

地元の土地事情に精通したスタッフが最適な提案

当事務所の大きな特徴は、地域の不動産に精通したスタッフが所属しており、不動産の評価を得意としていることです。水戸本店には不動産鑑定士事務所を併設していますので、専門家による適正な評価が可能です。少額の財産債務の評価についてもおろそかにせず、また税務調査事前対策についても重視して対応しています。

お客様とのコミュニケーションを重視し、納得がいくまで何度でもお打ち合わせをさせていただいています。

相談窓口で納得がいくまで相談

当事務所へご連絡いただきますと、専門のスタッフが相談に応じます。お客様の相続をていねいに聞き取り、どのような問題があるのかを分析し、お客様とともにその解決方法を考え、支援してまいります。ご相談には真摯に誠実に対応することを信条としております。

「争族」対策をお考えの場合は、相続発生前の親族関係が重要になりますので、円満な相続を実現するために、お早めに当事務所へ相談をしていただくことをお勧めします。解決策の糸口がみつかるかもしれません。

小野瀬・木下税理士法人 (www.onosecpa.co.jp)

水戸本店
代表者：小野瀬 益夫（公認会計士・税理士・不動産鑑定士／関東信越税理士会水戸支部）
職員数：35名（税理士3名）
所在地：〒310-0911
　　　　茨城県水戸市見和1-299-1
相談相談窓口　電話 029-257-6222
　　　　　　　担当 小山

ひたちなか支店
代表者：大川 雅弘（税理士）
　　　　小野瀬 貴久（副代表 公認会計士）
職員数：15名（税理士3名）
所在地：〒312-0018
　　　　茨城県ひたちなか市笹野町1-3-20
相談相談窓口　電話 029-273-3511
　　　　　　　担当 茅根（ちのね）

税理士法人 小林会計事務所

小林 清代表

小林代表と相続支援スタッフの皆さん

オフィスの入り口

新横浜に拠点を構える会計事務所
顧客との対話を大切にして満足度の高い相続を実現

税理士法人小林会計事務所は、新横浜に拠点を構える会計事務所。長年、新横浜の中小企業経営者や資産家の相続支援に取り組んでおり、顧客との対話を徹底し、一人ひとりに合ったオーダーメイドの提案をすることを信条としている。

横浜の中小企業を支える会計事務所

税理士法人小林会計事務所は、新横浜に事務所を開設して約40年、数多くの法人・個人のお客様をご支援してきた会計事務所です。代表の小林を含む6名の税理士と、総勢55名のスタッフが所属しています。

私たちは、横浜を支える中小企業の経営者の皆様に対して、会計や税務、経営の側面から、さまざまなサポートをしています。また、個人のお客様に対しても、ライフプランや税金のご相談を承っています。開業以来培ってきたノウハウを生かし、お客様のお役に立つことを意識して、日々業務に取り組んでいます。

相続サポート年間100件以上 サラリーマン家庭の支援に注力

当事務所は開業当初から相続のご支援に取り組んでおり、さまざまな知識、技術、経験を蓄積してきました。おか

げさまで、現在では相続でお悩みの方のサポートを、年間100件以上行っています。

なかでも昨今は、いわゆる普通のサラリーマン家庭のお客様のご支援に力を入れています。相続税は、地主や大金持ちだけに関係のある税金ではありません。私たちは、ひとりでも多くのお客様の身近な存在として、お役に立つことこそが専門家としての義務であり、実績と考えています。

顧客との対話を徹底し、専門家として課題解決に導く

当事務所の特徴は、「お客様との対話を徹底する」ことです。相続の問題点や解決策は、お客様ごとに全く異なります。そのため、お客様との対話を通して、一人ひとりに合ったご説明やご提案をさせていただいています。

もちろん、適正な相続税申告書の作成や、その後の税務調査対応についても万全の準備をさせていただいています。これは、専門家として当然のことだと考えています。

お客様が抱えている相続に係る不安や悩みを専門家として丁寧に伺い、解決のお役に立たせていただく——。その思いをすべてのスタッフが抱いていることこそが、当事務所の一番の強みと自負しています。

相談窓口では些細な相談にも丁寧で誠意ある対応

当事務所は相続相談のための窓口を設けており、お客様のご都合に合わせて、電話やメール、ご面談などでお話を承っています。

私たちはお客様との対話を重視していますので、代表の小林以下スタッフ一同、お客様のお気持ちを最優先にした、丁寧で誠意のあるご説明をさせていただきます。

会計事務所には相談しにくいイメージがあるかもしれませんが、当事務所は違います。どんな些細なご相談でも大歓迎ですので、お気軽にお問い合わせいただければさいわいです。

税理士法人 小林会計事務所（横浜相続なんでも相談所）

代表者：小林　清（東京地方税理士会神奈川支部）
職員数：55名（税理士6名）
所在地：〒222-0033
　　　　神奈川県横浜市港北区新横浜2-6-13
　　　　新横浜ステーションビル1F
ホームページ：http://www.souzoku-yokohama.com/
相続相談窓口：電話 0120-915-745

相続の悩みに専門家が丁寧に対応

さいたま新都心税理士法人
名護・松波事務所 相続資産税部

名護茂子代表

不動産オーナーの相続支援を得意とする会計事務所
専門家チームが資産を次代に残す幅広いコンサルティングを実施

さいたま新都心税理士法人は、さいたま市中央区に拠点を構える会計事務所。相続支援の専門家チームである相続資産税部があり、豊富な経験を持つ税理士が顧客の利益実現のために幅広いコンサルティングを行っている。

相続支援の専門部署をもつ会計事務所

さいたま新都心税理士法人は、平成25年に2つの会計事務所が合併して設立された事務所です。公認会計士・税理士2名、税理士2名を含む、総勢18名のスタッフが所属しています。

当事務所には、相続の専門家チームである相続資産税部があります。複雑な相続・資産に係る申告業務や、将来の利益を追求したコンサルティング業務を複合的・専門的に行っています。

当部門は、相続税・資産税を専門とする税理士3名と、数名のスタッフで構成されています。関与先は、地主様および会社経営者が主となります。

人間関係の複雑な案件にも対応できる専門家が所属

当部門の税理士は、大手会計事務所の相続税・資産税専門部署で経験を積んだ税理士で構成されています。これまでに、かなりの数の案件を取り扱ってまい

りましたが、申告の数よりも中身の充実を徹底することをモットーとしております。

相続税申告業務は、税理士の経験値が非常に重要であり、数多くの相続の場面に関わったからこそできる工夫や配慮があります。特に、複雑な家族関係や感情が絡み合う案件に対しては、これまでの経験をもとに、傷口を広げない対処方法を心得ており、お客様や親族にご納得いただける対応およびご提案をさせていただいています。

また、相続は資産承継のひとつの方法に過ぎませんので、資産承継の場面では、贈与・譲渡、法人の資本政策・組織再編、資産承継後の資産の活用など、幅広いコンサルティングを行っています。

不動産オーナーの相続税申告や財産承継戦略に強み

当部門が最も得意としている業務は、不動産オーナーの方の相続税申告、財産承継戦略および資金対策です。

相続税申告業務においては、複数のチェック体制はもちろん、お客様の負担となる税務調査の対策として、書面添付制度の導入、申告資料の工夫などを行っています。

そして、相続税申告業務から関わった場合でも、相続を基点として将来の利益に向けたコンサルティング業務を行っており、常に未来に向けた目線を心がけています。

問題抽出から課題解決まで安心の対応

当部門へのご相談は、直通電話番号にご連絡いただければ、代表およびスタッフが対応いたします。

また、電話が難しい場合は、メールでの問い合わせにも対応しています。

相続を初めて経験される方のご相談にも丁寧に対応し、分かりやすくご説明するよう努めています。

相続が発生した方も、これからの対策をお考えの方も、お気軽にお声がけ下さい。問題抽出から解決に向けてサポートさせていただきます。

さいたま新都心税理士法人 名護・松波事務所

代表者：名護茂子／松波竜太（税理士／関東信越税理士会浦和支部所属）

職員数：18名（公認会計士・税理士2名、税理士2名）

所在地：埼玉県さいたま市中央区新都心4-3　ウェルクビル5階

ホームページ：www.saitamasintos.in

相続相談窓口：048-600-2900

税理士法人下平会計事務所

下平英生代表

じっくり相続の相談ができる応接室

笑顔の広がりをイメージした事務所のロゴ

資産家の支援に力を入れてきた50年以上の歴史を持つ会計事務所
財産の保全を重視した提案と万全の税務調査対策が強み

税理士法人下平会計事務所は、神奈川県川崎市と相模原市に拠点を構える会計事務所。資産家の顧客を多く抱え、長年にわたり相続支援業務に従事。資産家の財産保全を第一とする提案力と、何重にも講じた税務調査対策を強みとする。

50年にわたり資産家の支援を手がける会計事務所

税理士法人下平会計事務所は、創業者の下平功明が昭和40年5月に開業した、50年以上の歴史を持つ会計事務所です。平成21年に税理士法人を設立、平成27年には相模原事務所を開設しました。事務所には5名の税理士のほか、12名の職員が所属しています。

当事務所は法人180社、個人200名のお客様に関与し、規模は商店街の個人事業主様から上場企業様まで多岐にわたっています。また、個人のお客様はいわゆる資産家が多く、平素より相続シミュレーションや生前贈与などの相続対策のご提案を行っています。

相続人の資産保全を重視する丁寧な対応に努める

現在、相続税申告業務は年間約10件超のご依頼をいただいており、件数は年々増加しています。受注件数としては多い数字ではありませんが、それ

だけ一件一件のお客様に丁寧に対応することができ、毎回しっかりと検討を重ねて申告を行っております。規模としては、相続財産が1億円未満の案件から20億円を超える大規模なものまで、幅広くご依頼を頂戴しています。

相続税を納税するために、相続した不動産を売却するのはよくある話ですが、当事務所では相続した不動産をなるべく手放さずにすむように、同族会社を利用した納税資金の捻出方法をご提案するなど、相続人の方々と一緒になって財産を守っていく、親身な対応を心がけています。

書面添付制度を導入して万全の税務調査対策を提供

当事務所では、申告書の内容が適正であることを税理士が保証する書面添付制度を導入しています。書面添付を行うことにより、税務調査を受けるリスクを大幅に減らすことができますので、詳細かつ丁寧に記載した書面をご用意することを心がけています。実際に、直近5年のうち、税務調査が行われたのはわずか1件でした。

当事務所には税務署長や国税不服審判所長などを務めた顧問税理士がおり、困難な税務判断についてはこうした専門家に相談することができます。また、土地評価においては外部の第三者にもチェックを依頼するなど、二重三重のチェック体制を整えています。

資産税の専門家が顧客の相談に直接対応

当事務所では、税理士および税理士有資格者で構成している専門の資産税チームが直接お客様に対応しています。初回ご相談は無料ですので、お気軽にご相談ください。また、お客様のご自宅などへの訪問も承りますので、遠慮なくお問い合わせください。

生前の相続対策や、ご遺言などのご相談も承っています。相続についてご不明な点がございましたら、電話やメールでお問い合わせください。

税理士法人下平会計事務所

代表者：下平英生（税理士・公認会計士／東京地方税理士会川崎南支部）

職員数：17名（税理士5名、税理士有資格者2名）

所在地：川崎事務所　川崎市川崎区東田町8 パレール三井ビル8階
　　　　相模原事務所　相模原市中央区相模原3-8-25 第3JSビル7階

ホームページ：http://wms.or.jp/

相続相談窓口　電話：044-233-2811、電子メール：info@wms.or.jp

税理士法人新日本経営
新日本経営コンサルティンググループ
埼玉あんしん相続相談室

竹内武泰代表

じっくり相談できる応接スペースを用意

事業承継コンサルタントが代表の会計事務所
税理士とコンサルタントの両方の視点で相続問題を解決

税理士法人新日本経営は、埼玉県さいたま市に拠点を構える会計事務所。代表の竹内武泰氏は事業承継コンサルタントで、税理士とコンサルタントの両方の視点から、相続の問題を総合的に解決する提案を行う。

事業承継コンサルタントが代表を務める会計事務所

税理士法人新日本経営は、新日本経営コンサルティンググループの中核部門となる会計事務所です。代表の竹内が平成19年に開業した新日本経営会計事務所を母体としており、平成26年3月に税理士法人になりました。スタッフ数は総勢16名で、代表の竹内を含む2名の税理士と、税理士科目合格者4名が在籍しています。

税制改正により相続税の基礎控除額が小さくなったり、中小企業の後継者問題が深刻化するなど、現在は相続の問題が起きやすい状況になっています。当事務所はベテランスタッフを含む4名が所属する相続チームを編成し、相続の問題に対する適切なご提案やアドバイスを行っています。

当事務所の代表の竹内は、大手コンサルティング会社でコンサルタントとして活動していた経歴をもち、現在も事業承継や事業再生のコンサルティングなどに

取り組んでいます。

信用金庫や地方銀行の本部や支店からご相談を多く頂いており、税理士とコンサルタントの両方の視点から、相続対策や事業承継対策など、財産を次の世代へつなげるさまざまなご提案をしています。

竹内およびベテランスタッフがこれまでに扱った相談件数は500件以上になります。長い経験と多くの解決実績をもとに、お客様に寄り添って生前対策や相続税申告などを行っています。

私たちはただ申告書を作るだけでなく、被相続人の想いや、相続人のお考え、心配事に寄り添いながらご提案をしています。お客様からは、「親切な対応がとてもよかった」といったお褒めの言葉をいただいています。

経験豊富な専門家が広い視点で相続対策を提案

当事務所の特徴は、相続税の申告経験を多数もつベテランスタッフが、税金の問題だけでなく、二次相続や円滑な事業承継などを考慮し、総合的な視点でアドバイスをしていることです。

相続は、一度発生してしまうと有効な対策が行えません。私たちは円滑な相続を実現させるために、生前対策のご提案に力を入れています。

事業承継コンサルティング会社を擁する会計事務所ならではの相続・事業承継スキームを立案し、自社株対策などを幅広く提案させていただきます。

相続の相談が気軽にできる埼玉あんしん相続相談室

当事務所は「埼玉あんしん相続相談室」を設置しており、代表の竹内を始め、相続税の専門家スタッフがお客様の相談に応じています。

まずは下記の相談室ウェブサイトをご覧いただき、フリーダイヤルにてお電話、もしくはサイト内のフォームからお問い合わせください。初回相談は無料です。

お仕事をしている相続人の方など、平日のご来社が難しい方は、夜間および土日の面談もご予約により受け付けています。

税理士法人新日本経営

代表者：竹内武泰（税理士／東京税理士会板橋支部）
　　　　岩田　斎（税理士／関東信越税理士会浦和支部）
職員数：16名（税理士2名、税理士科目合格者4名）
所在地：埼玉県さいたま市浦和区仲町1-11-12　さくらビル浦和Ⅰ-3階
ホームページ：（総合）http://www.shinnihon-keiei.com/
　　　　　　　（埼玉あんしん相続相談室）http://www.sozoku-saitama.com/
相続相談窓口　フリーダイヤル：0120-814-340　メール：info@shinnihon-keiei.com

中山美穂税理士事務所

中山美穂代表

スタッフは女性が中心で、顧客の相談に丁寧に対応

女性ならではのきめ細かな感性を大切にする会計事務所
適正な申告書作りへの取り組みと、顧客の悩みに寄り添う姿勢が魅力

中山美穂税理士事務所は、埼玉県和光市に拠点を構える会計事務所。代表の中山美穂税理士は、女性ならではのきめ細かな気遣いで顧客の悩みに対応。相続税申告に関しては、書面添付制度の導入により内容の適正さを税理士が保証する。

中小企業をさまざまな角度から
支援する会計事務所

　中山美穂税理士事務所は、税理士の中山美穂が平成23年に開業した会計事務所です。代表の中山ほか、パートスタッフが5名所属しています。

　当事務所のお客様は、都内のお客様が60％、埼玉県近郊のお客様が40％で、さまざまな業種のお客様とお付き合いをしています。また、業務は会計・税務にとどまりません。黒字化実現のための経営のアドバイスや、経営計画書の作成、融資のご紹介、お客様とともに業務改善に取り組むなど、経営支援サービスに力を入れています。

相続を「争続」にしない
長期的サポート

　代表の中山は、13年在籍した都内の公認会計士事務所で、比較的規模の大きな相続案件の経験を数多く積んでいます。独立後も引き続き相続支援に力を入れており、「お願いするなら女

性のほうがいい」というお客様や、生命保険会社、他士業の方々から、多くのご依頼をいただいています。

当事務所には、埼玉県下の地主の方から、相続税の相談が多く寄せられています。私たちは内容をお伺いしてから、相続対策や相続税申告についてのご提案を行っています。

相続が「争続」にならないように気を配りながら対応するなかで、お客様からは、関係する親族について引き続きサポートしてほしいという、うれしいお声もいただいています。スポット的な関与のイメージがある相続支援ですが、永きにわたりサポートさせていただいているお客様も多くいらっしゃいます。

女性ならではのきめ細かな気配りで顧客を支援

当事務所の特徴としては、土地の評価に強いことが挙げられます。現地調査を行い、役所へも足を運び、さらにお客様へのヒアリングを重ねることにより、正確かつ柔軟な発想で土地の評価をさせていただいています。必要な場合には経験豊富な専門家と連携し、お客様に納得していただける評価をしています。

さらに、申告書の内容が適正であることを税理士が保証する書面添付制度を導入しています。申告書の正しさを税理士が保証するため、税務調査が入る可能性が大きく下がります。

相続では、人には相談しにくいプライベートな悩みが関わってきます。女性ならではの話しやすい雰囲気作り、きめ細かな気配りでお客様に接することを一番大切にしています。

相続の悩みに寄り添う

当事務所では、ホームページの問い合わせフォームからご連絡いただくと、代表の中山とスタッフがお客様の相談にご対応します。初回相談は無料ですので、お気軽にお問い合わせください。

「誰に相談したらよいのか分からない」「何を相談すべきなのか分からない」という方も、まずはご連絡ください。どうしたらよいのか、何をしたらよいのか、私たちも一緒に考えさせていただきたいと思っています。

中山美穂税理士事務所

代表者：中山美穂（関東信越税理士会朝霞支部）

職員数：5名（社会保険労務士1名）

所在地：埼玉県和光市丸山台1-4-3-502

ホームページ：

http://tax-nakayamamiho.jp/

相続相談窓口

電話：048-424-4360

メール：info@tax-nakayamamiho.jp

税理士法人フロイデ

佐藤純一代表

羽田哲也所長

平川弓子税理士

千葉県に展開する地域密着型の税理士法人
相続のトラブルを未然に防ぐ手厚いサービスを提供

税理士法人フロイデは、千葉県船橋市と習志野市に拠点を構える税理士法人。相続税申告書の内容を税理士が保証する書面添付制度を導入しているほか、相続の紛争を未然に防ぐ「相続健康診断」サービスを提供している。

「相続総合病院」を目指す地域密着型の税理士法人

私たちフロイデは、千葉県習志野市奏の杜と、船橋市高根台の2エリアに拠点を構える税理士法人で、地域に密着した「相続総合病院」になることを目指しています。現在は代表佐藤を含む税理士4名、行政書士1名、総勢14名のスタッフで運営しています。

ちなみに、支店「奏の杜ビュロー」は最近開発された津田沼駅南口エリアにあるため、税理士に相談するのは初めてというお客様が多いことが特徴です。大通りにある路面事務所ですので、ぜひ気軽にお立ち寄りください。

全ての相続税申告書に書面添付制度を導入

フロイデは、申告内容が適正であることを税理士が保証する書面添付制度を全ての相続税申告書に導入しています。この書面には27項目107のチェックポイントがあり、主担当税理士、

副担当税理士、監査担当税理士の3段階の確認体制のもとで作成しています。この書面の添付により、税務署の実地調査は過去10年でたった1件に抑えられています。

また最近は高齢のため、ご自分で金融機関の名義変更手続きなどができない方も増えているようです。そのような場合には、併設する行政書士事務所フロイデがお手伝いできますので、ぜひご活用ください。

相続トラブルを未然に防ぐ「相続健康診断」

フロイデは、相続発生後の紛争を未然に防ぐため、予防対策に重点を置いたサポートプログラムを提供しています。相続人間の争いや税務調査に対して、生前にしっかりした準備をすることで、リスクを大幅に軽減できます。

相続発生後に行える処置には限界がありますので、当法人の「相続健康診断」を事前に受診してください。

①相続健康診断：現状把握が必須です。財産目録を作成し、相続が発生した場合の相続税を試算します。
②相続税対策診断：健康診断による改善事項を検討します。税金以外の問題点も抽出し、複数の提案をします。
③相続改善処置：検討した改善事項を実行します。具体的には、エンディングノートの作成、遺言書の作成、贈与の実行、信託、金融機関の整理、老人ホームへの入居、任意後見人の選定などを行います。

毎月第2土曜日に相続の無料相談を実施

奏の杜ビューローでは、相続税申告が必要な方のために、毎月第2土曜日に無料相談を実施しています。仕事があるため平日に時間が取れない方は、ご予約のうえ、ぜひ土曜日にお越しください。

50代の代表佐藤と、30代の奏の杜ビューロー所長羽田、女性税理士の平川の3名体制でお待ちしています。

本社：税理士法人フロイデ 高根台ビューロー
所長：佐藤純一（税理士登録番号76770／千葉県税理士会船橋支部）
職員数：7名（税理士2名、行政書士1名）
所在地：〒274-0065
　　　　千葉県船橋市高根台6-33-20

相続相談窓口　電話：047-407-4030　ホームページ：http://www.freuden.or.jp/

支店：税理士法人フロイデ 奏の杜ビューロー
所長：羽田哲也（税理士登録番号126593／千葉県税理士会千葉西支部）
職員数：7名（税理士2名）
所在地：〒275-0028
　　　　千葉県習志野市奏の杜1-3-11

税理士法人三田会計

相続専任スタッフの松田氏（写真左）と
斉藤氏（同右）、三田代表（同中）

三田洋造代表

50年の歴史を持つ船橋市の老舗会計事務所
相続税申告400件以上の豊富な実績で地域の資産家を支援

税理士法人三田会計は、千葉県船橋市に拠点を構える地域最古参の会計事務所。相続税申告を昭和40年代前半から400件以上扱っており、豊富なノウハウを蓄積。専任スタッフ制を採用し、急な相続の相談にも迅速に対応できる。

　税理士法人三田会計は、税理士の三田洋造が代表を務める会計事務所です。前身の公認会計士・税理士 三田和郎事務所の時代から数えると50年の歴史があります。代表の三田を含む2名の税理士、総勢19名のスタッフが所属しています。

昭和40年代前半から400件以上の相続税申告実績

　当事務所の相続分野の実績としては、まず相続税申告件数が多いことが挙げられます。昭和40年代前半から申告業務を行っており、これまでの申告件数累計は400件以上になります。

　これまでに扱った案件は、地域の地主（農家系）の相続税の申告と、中小企業の社長や会長に係る相続税の申告が多数を占めています。平成27年以降は、一般家庭の方の相続税の申告も増えています。

　これまでに扱った最も大きな案件は、資産規模で約50億円、土地の評価単位が数十に及び、生産緑地や広大地評

価、農地に係る納税猶予、物納申請も行うなど極めて難易度の高いものでした。また、当初申告までに遺産分割協議が調わず、足掛け5年で決着し、更正の請求書を提出するという案件も扱ったことがあります。バラエティに富んだ案件をこなしてきましたので、地域でも有数の実績を持つ事務所であると自負しています。

専任スタッフが迅速な対応
書面添付で税務署対策も安心

当事務所の特徴は、①専任スタッフ制、②税務調査対策、③多様な支払手段への対応です。

まず①の専任スタッフ制ですが、相続税(および贈与税)案件を専門に扱う職員を2名置き、いつ、どのような案件が来ても迅速に対応することができます。この2名はNPO法人相続アドバイザー協議会認定の「相続アドバイザー」資格を持ち、相続に関する幅広い知識を習得しています。

②の税務調査対策ですが、当事務所が作成する相続税の申告書には必ず税理士法第33条の2の「添付書面」を付けています。この「書面」があることで、所轄税務署はいきなり税務調査を行うのではなく、まず初めに会計事務所に問い合わせることになります。また仮に税務調査になったとしても、当事務所の税理士が必ず立ち会います。

③の多様な支払手段ですが、申告報酬のお支払いについては、振り込みのほかにクレジットカード決済もできるようになっています。

当事務所には、前述のように専任スタッフが2名いますので、代表の三田も含めた3名がお客様のご相談に対応いたします。

相続の全体像が把握できる
丁寧なヒアリング

まずはホームページをご覧いただき、それから電話でお問い合わせください。その後ご面談をさせていただき、細かくヒアリングをいたします。できる限りその場で、申告を依頼される場合の申告料の目安を提示しています。また申告依頼の有無にかかわらず、申告や登記に必要となる各種書類についてご説明し、一覧表をお渡ししています。

ここまでのご相談は無料ですので、お気軽にお問い合わせください。

税理士法人三田会計
代表者:三田洋造(千葉県税理士会船橋支部)
職員数:19名(税理士2名)
所在地:千葉県船橋市夏見台4-8-29
ホームページ:
http://www.souzoku-funabashi.com/
相続相談窓口
フリーダイヤル:0120-801-709

税理士法人みらいパートナーズ®

戸田譲三代表

相続支援に関する35年の実績とノウハウ
多様な士業と連携しワンストップサービスを提供

税理士法人みらいパートナーズは、35年にわたり相続支援業務に取り組んできた戸田譲三税理士が代表を務める会計事務所。他の士業事務所と連携し、ひとつのテーブルに多数の専門家を集めて相談に応じるワンストップサービスを提供。

豊富な経験に基づき
長期的視点で相続対策を提案

　税理士法人みらいパートナーズは、昭和62年開業の戸田譲三税理士事務所を母体とし、平成20年に設立した税理士事務所です。設立メンバーは、税理士の五十嵐勇、戸田譲三、坂東佳代子の3人で、五十嵐は税務署に勤務した経験を持っています。スタッフ数は、税理士を含めて総勢10名です。

　代表の戸田は、三越やソニー生命での勤務を経て税理士になったという変わった職歴を持っています。

　戸田は税理士試験の相続税法に昭和57年に合格し、以来、相続支援業務を通じて、バブル期から低成長期まで、日本経済の浮き沈みをずっと見てきました。そして、その時代において最も安全で最善の相続対策を提案し、お客様に喜んでいただいています。なかには、一族三代にわたっての相続申告を

お手伝いしているお客様もいます。

　相続対策を行う会計事務所は少なくありませんが、その時はよくても、時間が経つと問題が出てくるという事例をたくさん見聞きしています。長期にわたり多大な影響がある相続に限っては、相続業務に長期間従事し、多様な実績を積んだ税理士に依頼することをおすすめします。

相続に関する
ワンストップサービスを提供

　当事務所の最大の特徴は、同じフロアに事務所を構える司法書士、土地家屋調査士、測量士、弁護士、不動産鑑定士、信託会社、生保代理店と密に連携し、相続に関するあらゆる相談にご対応できることです。

　例えば、相続開始前のご相談には遺産整理を手掛ける信託会社と、納税資金のご相談には生保代理店と連携し、お客様に最適なご提案をします。相続発生後の場合は、相続税申告を当方が担当し、登記の場合は司法書士、揉め事の場合は弁護士が登場します。

　相続に関するワンストップサービスを目指していますので、お客様は当方に足を運んでいただければ、ひとつのテーブルに関係する専門家が集まり、安心して一度に相談していただける場を提供します。

　なお、当事務所は社外の相談役として、国税局の課長クラスのOB税理士をお願いしており、税務調査対策も万全です。

フリーダイヤルで相続対策に
関する専門的アドバイス

　当事務所では、「相続専用フリーダイヤル」（電話0120-86-1131、ハロー　イイミライ）を使い、「エンディングコーチ®」を行っています。

　相続を初めて経験される方は、誰に相談してよいのか分からないと思います。そこで専門家に気軽に問い合わせられるフリーダイヤルを用意しました。

　まずは、勇気をもって電話をおかけください。少し相談しただけで、抱えていた悩みが消えてしまうことを、私たちは経験上知っています。

税理士法人みらいパートナーズ®

代表者：戸田譲三（税理士／東海税理士会三島支部）
職員数：10名（税理士2名）
所在地：横浜オフィス　神奈川県横浜市西区北幸1-11-15　横浜STビル18階
　　　　三島オフィス　静岡県三島市南二日町25-12　ブンカビジネスビル302
ホームページ：http://www.mirai-partners.co.jp/
相続相談窓口　フリーダイヤル：0120-86-1131（ハロー　イイミライ）、Eメール：info@mirai-partners.co.jp

まごころをイメージ
したロゴマーク

ヤマト税理士法人

北村喜久則代表

丁寧で分かりやすい対応が信条のヤマト税理士法人の皆さん

相続支援30年1000件の実績を誇る税理士法人
ベテランスタッフが最後まで一貫して対応し、書面添付で適正さを保証

ヤマト税理士法人は、さいたま市南区に拠点を構える会計事務所。30年以上にわたり相続支援業務に取り組んでおり、扱った案件は1000件を超える。相続一筋のベテランスタッフが、顧客の相談に最後まで一貫して対応する。

さいたま市近隣の中小企業を支援する会計事務所

ヤマト税理士法人は、代表を務める税理士の北村喜久則が昭和58年に開業した北村税理士事務所を母体に、平成22年に設立された税理士法人です。代表の北村を含む5名の税理士、総勢25名のスタッフが所属しています。

当社のお客様はさいたま市の中小企業とその関係者が多く、業種としては不動産関連が最多となっています。また、個人の資産設計を支援する「FP業務」にも力を入れています。

相続対策の提案に関する30年1000件の豊富な実績

当社は、個人事務所時代から30年にわたり相続支援業務に取り組んでおり、これまでに取り扱った相続件数は1000件を超えます。そして現在も、年間30～50件扱っています。

お客様のなかには昔からの地主さんも多く、相続対策の提案を通じ、多種

多様な支援の実績を積んできました。例えば土地の評価は、ひとつ間違えると数字が大きく変動するリスクの高い分野です。当社はこれまでに培った豊富な経験と緻密な制度の分析をベースに、時には大胆な発想でお客様に満足していただける提案をしています。

また、亡くなった方しか知らない不明瞭な銀行取引も、適正な申告と認められるためのノウハウを知り尽くした担当者が徹底的に分析し、完成度の高い申告書を作成しています。

経験豊富なスタッフが一貫サポート 書面添付で申告書の適正さを保証

当社では、相続分野一筋20年以上のスタッフが、原則、最初の打ち合わせから申告までを一貫して担当しています。ですから、最初の打ち合わせのときとは違う者が担当になるといった心配はありません。

また、緻密な税務調査対策を行い、家族名義預金のように指摘を受けそうなポイントについては、丁寧な説明文書を添付し、可能なかぎり疑念をもたれないように申告書を作成しています。さらに全ての申告書は、不動産評価に特化した顧問税理士、国税幹部OBの厳しいチェックを受け、税理士が申告書の適正さを保証する書面添付を行っています。

初回無料相談で 相続の不安に丁寧に対応

当社は相談窓口として、ホームページ「浦和相続サポートセンター」と、フリーダイヤルを用意しています。初回1時間無料相談を行っており、ご予約をいただければ、代表の北村と担当スタッフが、当社にて丁寧にお話を伺います。

「相続税など無縁だと思っていたのに、基礎控除の引き下げで、もしかしたら……」。そんな不安を抱いている方は少なくないでしょう。当社は相続の不安を抱えている方に、分かりやすく丁寧に説明させていただきます。ぜひお気軽にお問い合わせください。

ヤマト税理士法人

代表者：北村喜久則（税理士／関東信越税理士会浦和支部）
職員数：25名（税理士5名）
所在地：〒336-0022
　　　　埼玉県さいたま市南区白幡4-1-19　TSKビル5階
相続相談窓口　フリーダイヤル：0120-634-006
　　　　　　　　ホームページ：https://www.kitamurafp.co.jp/
　　　　　　　　電子メール：tax@yamatotax.or.jp

ランドマーク税理士法人

清田幸弘代表

**東京、神奈川、埼玉12拠点展開の大型会計事務所
相続税申告実績2,500件超のノウハウで都市農家や資産家の相続を支援**

ランドマーク税理士法人は、東京、神奈川、埼玉に12拠点を構える大型会計事務所。相続税申告・対策業務に注力しており、相続相談10,000件以上、相続税申告2,500件超の実績がある。

相続税の申告実績2,500件超

当社が強みとしているのは、資産家、特に地主の方々に対する相続の支援です。事前の相続税対策や遺言書の作成助言はもちろんのこと、相続税の申告・納税、そして二次相続のサポートに至るまで、親身に対応いたします。また、他の税理士が申告した後の申告書を見直すことで、相続税を還付させた成功事例も数多くあります。

このような還付が認められる事由のほとんどが土地の評価ですが、それぞれの土地の形状や周囲の状況等を総合的に判断しなければならないため、税理士によって見解の相違が大きく、またそれに伴って評価額も大きく変動するという現象が起こります。

場合によっては課税価格が減少することで、納付するべき相続税額も減少します。その結果、既に支払われている相続税が還付されるのです。

ランドマーク税理士法人

当社は、開業以来2,500件超の相続税申告実績があり、適正な財産評価には絶対の自信を持っています。

「相続」のお悩み全般を解決する 専門家

平成27年度の相続税増税で課税対象者が拡大することを受け、支店を増設し、相続の無料相談窓口「丸の内相続プラザ」を全店舗に併設しました。各支店では、毎月、最新の税制動向などをご紹介するセミナーを開催し、その後の個別相談会も好評をいただいています。

セミナー後は、事務所のノウハウを凝縮させたメルマガの発信や広報誌の発行といった形で、継続的な信頼関係を築いてまいります。出版物も種々手掛けており、「税金ガイド」や相続の体系的な理解を助けるものから、税制の仕組みを応用した節税策、実務で取り扱った事例に至るまで、幅広いご興味に対応しています。

「相続」の専門家として認識していただいている当社へは、税務以外の法律問題のご相談も少なくありません。顧問弁護士や顧問司法書士との協働により、相続に関するすべての手続きを完結させるワンストップサービスを提供しています。

徹底した組織体制で顧客をサポート

当社が得意としているのは、相続税分野だけではありません。

個人・法人にかかる所得税や法人税などの申告についても、相続税同様、きめ細やかなサービス提供を徹底しております。毎月必ずご訪問し、ひざをつきあわせた相談対応を行うことで、お客様の事業実態に合わせた、オーダーメイドの経営助言、節税提案に努めております。さらに、各専門家との強力な連携を持ち、お客様には常に最新で高度な専門知識を提供させていただいております。

ランドマーク税理士法人
ランドマーク行政書士法人
株式会社ランドマーク不動産鑑定
株式会社ランドマークエデュケーション
株式会社ランドマークコンサルティング
一般社団法人相続マイスター協会

代表者：清田幸弘（税理士／東京地方税理士会緑支部）
職員数：147名（税理士18名）

事務所一覧
タワー事務所・本店（横浜市西区）
東京丸の内事務所（東京都千代田区）
新宿駅前事務所（東京都新宿区）
池袋駅前事務所（東京都豊島区）
町田駅前事務所（東京都町田市）
横浜緑事務所（横浜市緑区）
川崎駅前事務所（川崎市川崎区）
多摩川崎事務所（川崎市麻生区）
湘南台駅前事務所（神奈川県藤沢市）
朝霞台駅前事務所（埼玉県朝霞市）

行政書士法人 中山事務所（横浜市緑区）
行政書士法人 鴨居駅前事務所（横浜市都筑区）

お問い合わせ先
URL https://www.zeirisi.co.jp
E-mail info@landmark-tax.or.jp

無料相談予約専用フリーダイヤル
0120-48-7271
（ヨハ セツゼイ）

税理士法人 YMG 林会計

林 充之代表

相続のさまざまな相談に応える YMG 林会計

横浜に拠点を構える創業50年以上の大型会計事務所
農家から資産家に転じた方々の相続支援で国内屈指の実績

税理士法人YMG林会計は、横浜市緑区に拠点を構える創業50年以上の大型会計事務所。地域の発展に伴い、農家から資産家に転じた方々の相続支援に関する豊富なノウハウを有する。税務署からの是認率97％超は圧倒的な実績。

横浜に根差して50年以上の会計事務所

　税理士法人YMG林会計は、横浜に根差して50年以上。横浜といっても郊外の東急田園都市線沿線にあり、昔は農家、今では資産家という方々に支えられ、共に育ってきた会計事務所です。

　横浜の発展とともに地域の相続案件に携わってきたことで、今では相続においては全国でも屈指の事務所と自負しています。故人の遺志をしっかりと受け止め、未来への引き継ぎのお手伝いをすることを旨としています。

税務署からの是認率97％超安心できる相続税申告を実現

　YMG林会計が申告した相続税は税務署からの是認率が97％超。国税OB税理士を含む経験豊かなスタッフが、お客様ごとに専門チームを結成し、サポートしている結果でもあります。

　相続発生後の名義書き換えなどの面

倒な手続きは、グループ内の相続手続支援センター神奈川がアドバイスだけでなく、忙しいビジネスマンに代わって役所への手続き業務をいたしますので、仕事を休む必要がありません。

　YMG林会計の相続税申告の大きな特長として、申告書の先頭に付ける「作成にあたって」があります。これはYMG林会計オリジナルのノウハウとでもいうべきもので、相続人にとっては納得のいく申告、そして税務署にとっては申告書の計算根拠などが分かりやすく整理されたものであり、この「作成にあたって」を用意することで、驚異の相続税申告の是認率97％超を達成しています。もちろん書面添付においても、正確性・詳細性の点で他事務所との差別化を図っています。

　もうひとつの特長は、徹底的な現場主義にあります。今や相続に関係する資料はネットで集められる時代です。そのような時代にあっても、私たちは必ず現地に足を運び、現地で計測まで行います。ドラマではありませんが、相続は現場で起きています。現場に行くからこそ見えてくるものがあり、お客様と心が通うものと心しております。

何でも相談できる
相続のコンシェルジュ

　YMG林会計では、初回相談からお見積もりまでは無料です。何でも相談できるコンシェルジュを目指しています。セカンドオピニオンとしてもご活用いただけます。

　また、事前の相続対策についてもご相談を受け付けています。相続対策は、まず事前にお客様の財産の全体像をつかみ、将来発生する相続税の予想額を把握することからスタートします。そして、ご家族の未来についてご意向を伺いながら、相続対策を計画し、どのように実行していくかを明確にしていきます。対策に早すぎるということはありません。まずはお気軽にフリーダイヤル0800-800-7884までお電話ください。

税理士法人YMG林会計

代表者：林 充之（東京地方税理士会緑支部）
職員数：約100名（税理士約10名）
所在地：〒226-0025　横浜市緑区十日市場町861-6
ホームページ：http://www.ymgnet.co.jp
相続相談窓口：フリーダイヤル 0800-800-7884
　　　　　　メール info@ymgnet.co.jp

税理士法人エール
一般社団法人日本きずな相続サポート協会

エールのスタッフの皆さん

相続で悩む人をさまざまな角度から支援する会計事務所
すでに揉めてしまった相続の相談にも丁寧に対応

税理士法人エールは、相続専門部署と相続支援のための社団法人を擁する会計事務所。遺産分割方法ですでに揉めてしまっている相続の相談にも丁寧に対応し、他の士業と連携しながらサポートする。

相続税申告から遺言書作成まで
幅広いサービスを提供

　税理士法人エールは相続専門部署をもつ会計事務所で、新宿と名古屋に拠点を構えています。代表の永江を含む3名の税理士、1名の相続鑑定士が所属しており、スタッフ数は総勢24名です。

　当事務所は相続税の申告や節税対策だけでなく、相続で揉めないための生前対策に力を入れています。また、グループ法人の一般社団法人日本きずな相続サポート協会では、遺言書の作成・保管、任意後見や財産管理のご相談を通じて、お客様の相続に関する悩みや不安を解消するためのさまざまなサポートをしています。

小さな相続から大きな相続まで
多数の支援実績

　当事務所は毎月5件程度、年間50件以上の相続税申告を扱っています。さらに、当初依頼した税理士が相続専門

でなかったため、チェックしてほしいという相続税還付のご相談も、年20件程度対応しています。これまでに相続財産が3000万円〜5億円の案件に対応した実績があり、さまざまなお客様に幅広くご利用いただいています。

揉めてしまった相続税申告案件もサポート

当事務所は、遺産分割方法で揉めている場合の相続税申告も、提携弁護士と連携しながら対応しています。揉めていて他社で断られてしまったという場合でも、お客様をサポートさせていただきます。

おかげさまで、毎月10件程度、年間100件以上の相続のご相談をいただいています。なかには、「相談するのもはずかしい」と遠慮しながらご相談にいらっしゃる方も少なくありません。「申告期限まで1カ月を切ってしまった」「相続税の申告をしていなかった！」「実は脱税をしていて税務調査が入ることになった。助けてほしい！」など、ご相談の内容は多岐にわたります。当事務所はいずれも丁寧にお話を伺い、最善の解決策をご提案しています。

相続で困っているけど、どこに相談したらいいか分からない……。そんなときは、迷わず私たちにご連絡いただきたいと思います。

弁護士や司法書士も同席できる相続相談専門窓口を設置

当事務所は、相続相談専門窓口を設置しています。事前にご予約いただければ平日の夜間や土日の対応もしています。

相談を寄せてくださる方のうち、初めて相続の相談をされる方が90％以上です。相談内容に税金だけでなく法律的な話も含まれる場合は、弁護士や司法書士も無料相談に同席可能です。相続の相談をしたいけれど、どこに相談したらよいのか分からないというときでも、お気軽にご連絡ください。

税理士法人エール

代表者：永江将典（公認会計士・税理士／名古屋税理士会中村支部）

職員数：24名（税理士3名、相続鑑定士1名）

所在地：新宿支店（東京都新宿区）、名古屋支店（名古屋市中村区）

ホームページ：http://nagae-sozoku.tax/

相続相談窓口　電話：052-433-5506、電子メール：39@tax-nagoya.jp

税理士法人エスペランサ

吉田博幸代表（写真左）、
統括マネージャーふじた美咲氏（同右）

相続専門の「相続ラウンジ」で顧客の相談に丁寧に対応
徹底した調査と書面添付で税務調査対策も万全

税理士法人エスペランサは、愛知県内に3拠点を構える。相続専門ラウンジでは、専任スタッフが顧客の相談にじっくり対応し、「想いを叶える相続」をサポート。申告書の品質には徹底してこだわっており、書面添付制度を適用して申告。

愛知県に3拠点を構える
相続支援特化型の税理士法人

　税理士法人エスペランサは、現代表の吉田博幸が平成2年に個人事務所として開業し、23年に法人化、現在は岡崎、名古屋、東三河に拠点を構え、中小企業の皆様を支援させていただいている会計事務所です。

　当事務所は相続専門のオフィス「相続ラウンジ」を構えています。「相続の問題解決は、高い専門性とくつろぎのなかで」をモットーに、相続専門の税理士4名を中心とした専任チーム体制で、お客様のご支援に取り組んでいます。ご支援の内容は、相続税申告、相続手続き、遺言作成サポート、生前対策など多岐にわたり、ご相談には親身になって的確に、二次相続も考慮しながら対応しています。

相続相談3,000件を超える実績
女性の専門家が親身に対応

　代表の吉田は、開業以来、資産税を

得意分野とし、20年以上の経験を積んできました。これまでに対応した相談案件は3,000件を超えています。

こうした豊富な経験を生かし、前述の「相続ラウンジ」を開設したのは平成26年のことです。「相続ラウンジ」では、スタッフの大半が女性で構成され、女性ならではの感性でお客様の状況をじっくりと伺い、丁寧に対応させていただいています。

お客様からは、「女性の税理士さんに対応してもらい、緊張せずに何度も通うことができました」「女性ならではのきめ細かな対応をしていただき感謝しています」といったお声をいただいています。

品質への徹底したこだわり

当事務所では、相続税額に大きく影響する土地評価に関しては、現地の確認や役所調査などを行い、減額要素の検討をします。さらに税務署OBと連携し、評価に関して協議するなど、その質的水準の確保に努めています。

また、書面添付制度を適用した申告を行っているため、税務調査の件数が極めて少なく、当事務所の強みとなっています。

想いを叶える相続を支援

「相続ラウンジ」では、個別相談予約専用のフリーダイヤルを開設しています。平日の夜間や、土日祝日であっても、事前に予約をしていただければ、対応いたします。

初回相談は無料で対応するほか、「相続プレミアムクラブ会員」にご登録いただきますと、年1回の無料相談（60分程度）もご利用いただけますので、お気軽にお問い合わせください。

私たちは、事務的な「相続手続き」を行うのではなく、お客様のお話をじっくりと伺い、一人ひとりの想いや意向を汲み取った「想いを叶える相続」のお手伝いをさせていただきます。

税理士法人エスペランサ

代表者：吉田博幸（東海税理士会岡崎支部）
職員数：34名（公認会計士・税理士1名　税理士6名）
所在地：岡崎オフィス（愛知県岡崎市）、名古屋オフィス&相続ラウンジ（名古屋市中村区名駅）、
　　　　東三河オフィス（愛知県豊川市）
ホームページ：http://souzoku-lounge.com
個別相談予約専用ダイヤル：0120-352-110　　mail：souzoku@esp-z.com

税理士法人オグリ

小栗 悟代表

小栗 悟代表とスタッフの皆さん

相続対策・自社株対策セミナーの人気講師が代表の会計事務所
年間100件の相続税申告実績に基づく高度な提案が魅力

税理士法人オグリは、名古屋市に拠点を構える会計事務所。代表の小栗 悟税理士は相続対策や自社株対策の専門家で、多数の著書や講演活動で知られている。年間100件の相続税申告の実績があり、豊富な実績に基づく高度な提案が強み。

資産税を強みに幅広い分野で
資産家・経営者を支援

税理士法人オグリは、税理士の小栗悟が平成4年に設立した税理士事務所です。税理士5名、社会保険労務士、行政書士を含む総勢35名のスタッフが所属しており、相続専門スタッフも6名在籍しています。

当事務所のお客様は、中小企業から上場企業まで、規模も業種も多種多様です。当事務所は相続や事業承継などの資産税を強みとしていますので、オーナー経営者の自社株対策や相続対策などを含む、幅広い分野でお客様をサポートしています。

年間100件の相続税申告で
豊富なノウハウを蓄積

代表の小栗は、銀行勤務の後に税理士の資格を取得しました。大手監査法人で資産税部門の立ち上げに関わった経験があるほか、相続・事業承継に関する書籍の執筆や、講演活動を多数行

っています。

現在は年間100件の相続税申告を行っており、特殊な案件に対する豊富なノウハウを蓄積しています。その結果、特に金融機関などから「相続に強い」という評価をいただいています。

また、複雑な土地評価に始まり、会社法、組織再編税制を活用した最新の事業承継対策のご提案ができることが最大の強みです。

相続の事前対策から申告後のケアまで相続人を長期的に支援

当事務所は相続発生後の手続きだけでなく、生前対策から幅広く対応しており、ご提案から実施、その後のサポートまでを責任をもって行っています。

相続対策を考える場合、相続税や贈与税をはじめとする資産税はもちろんのこと、所得税や法人税、さらには民法、会社法といった幅広い法律の知識が必要です。当事務所はこれまでに積み上げたノウハウにより、多種多様なプランのご提案をいたします。

また、併設している行政書士事務所が遺言書の作成から遺産整理手続きまで対応し、相続のあらゆる局面でお客様をサポートできる体制を整えています。さらに司法書士、弁護士とのネットワークを生かし、専門的で付加価値の高い業務を提供できます。

自社株対策を無料で提案する
相続相談窓口を設置

当事務所では、名古屋本部に相続チームを設置しており、専門のスタッフがお客様の相談に応じています。

相続を初めて経験される方の不安が少しでも解消するように、丁寧にお手伝いをさせていただきます。また、相続が「争族」とならないために、事前の相続対策のご相談をしていただくことをお勧めしています。

初回のご相談、自社株対策のご提案などは無料ですので、ぜひお気軽にお問い合わせください。

税理士法人オグリ

代表者：小栗悟（税理士／名古屋税理士会岐阜北支部）
職員数：35名（税理士5名）
所在地：〒460-0002
　　　　愛知県名古屋市中区丸の内一丁目16-15
　　　　名古屋フコク生命ビル6F
ホームページ：http://www.otc-oguri.com/
相続相談窓口：052-222-1600

小栗代表の著書

税理士法人コスモス

35年の実績と信用
私たちにお任せください！

**関与先1,500件以上の大型会計事務所グループ
税制を駆使した高度な提案で経営者や資産家を支援**

税理士法人コスモスは名古屋、東京、福岡に拠点をもつ大型会計事務所グループ。相続の支援に特化した資産税チームを擁し、税制を駆使した高度な自社株対策や事業承継対策の提案を得意としている。

1,500件の関与先をもつ大型会計事務所グループ

税理士法人コスモスは、会計事務所や経営コンサルティング会社などで構成されるコスモスグループの中核部門です。公認会計士の野田賢次郎が昭和57年に開業した会計事務所が母体となっており、税理士法人に組織変更をしたのは平成15年です。現在は、2名の公認会計士、9名の税理士を含む約50名のスタッフが所属しています。

当事務所のお客様は、中堅・中小企業を中心に約1,500件あり、税務やコンサルティングを中心に、あらゆる業種を幅広く支援させていただいています。そのため、当事務所には中堅・中小企業の経営者、上場会社の社長や会長、資産家の方から、相続対策、事業承継のご相談が多く寄せられています。最近では、開業医の先生や医療法人などのお客様も増えています。

開業以来一貫して相続支援業務に注力

代表の野田は、開業以来一貫して、

相続対策支援に力を入れてきました。大規模な案件の申告を多数扱っており、現在も毎年30件以上の申告案件を扱っています。

私たちは相続が開始してからの申告業務だけでなく、生前の相続・事業承継対策にも力を入れています。特に創業者や企業オーナーのための自社株対策については多数の実績を積み重ねています。当事務所はこの分野において業界のトップクラスの実績があり、お客様からも大変高く評価していただいています。

また、税務調査があったときには、最後まで粘り強く対応しており、その姿勢に感動すると仰ってくださるお客様もいらっしゃいます。

次世代への自社株のスムーズな承継を実現

当事務所は自社株対策、事業承継対策を得意としています。合併、会社分割、株式移転、株式交換などの企業組織再編税制、グループ法人税制などを活用し、放っておくと高額になる自社株を次世代へスムーズに承継できるようにご提案しています。

また、個人のお客様には生前に相続税の概算計算を実施し、相続税額、納税方法、遺産分割など、あらゆる角度から総合的なご提案をしています。

資産税に特化した資産税チームがあらゆる相談に対応

当事務所には資産税に特化した資産税チームがあり、相続専門窓口も開設しています。財産総額10億円以上の経営者の方から、1億円弱の個人のお客様まで、幅広く対応させていただいています。

相続は、事前の対策が大切です。相続税の簡易試算、生前贈与の活用方法のご提案や遺言書の作成などもお手伝いしていますので、ぜひお気軽にお問い合わせください。初回の相談は無料にて承ります。

税理士法人コスモス

代表者：野田賢次郎（名古屋税理士会名古屋中支部）
　　　　鈴木成美（名古屋税理士会名古屋中支部）
　　　　田口博司（東京税理士会上野支部）
　　　　三好茂雄（九州北部税理士会博多支部）
職員数：約50名（公認会計士2名、税理士9名、社会保険労務士1名、他スタッフ）

所在地：名古屋本部（名古屋市中区）、東京本部（東京都台東区）、福岡支部（福岡市博多区）
ホームページ：http://cosmos-gr.co.jp
　　　　　　　（税理士法人コスモス）
　　　　　　　http://cosmos-gr.co.jp/shisanzei/
　　　　　　　（税理士法人コスモス資産税チーム）

相続相談窓口：名古屋本部 052-203-5560(代)　福岡支部 092-474-0313(代)

相続手続支援センター静岡
イワサキ経営グループ

吉川正明社長(左)と岩﨑一雄会長(右)

イワサキ経営グループのスタッフの皆さん

静岡県屈指の大型会計事務所グループ
相続支援の専門部隊が手厚い顧客支援サービスを提供

イワサキ経営グループは、静岡県沼津市と静岡市に拠点を構える大型会計事務所グループ。相続支援業務だけを行う専門部隊を有しており、相続手続支援で年間400件、相続税申告で年間160件という大きな実績をもつ。

静岡県に展開する大型会計事務所グループ

イワサキ経営グループは、税理士の岩﨑一雄が昭和48年に開業した会計事務所で、静岡県沼津市と静岡市に事務所があります。スタッフ総勢90名で、お客様のさまざまな課題をワンストップで解決する体制を整えています。

当事務所は個人の所得税確定申告を毎年1500件近く行っており、その中でも特に不動産賃貸業は全体の5割を占めます。そのほかにも、資産家や投資家に対するコンサルティング、相続対策などにも力を入れています。

相続手続支援年間400件
相続税申告年間160件の実績

当事務所には相続税申告に30年以上取り組んできた歴史があり、相続手続支援業務にも15年以上取り組んでいます。現在は静岡県全域を対象エリアとし、年間400件の相続手続支援、年間160件の相続税申告を手掛けてい

ます。

相続手続支援と相続税申告の専門部隊を設置

　当事務所の大きな特長は相続支援の専門部隊を持っていることで、そこに所属するスタッフは、相続支援業務だけを行っています。専門スタッフの数は20名で、資産税に強い税務署OB税理士も2名所属しています。

　また、一口に相続支援といっても、相続税申告業務と、相続税のかからない手続業務は内容が異なりますので、相続手続支援部門と相続税申告部門にさらに分かれて業務を行っています。そのため、相続税がかからない方にも、手続支援業務を通じてしっかりとサポートをさせていただいています。

　また、相続税申告においては、税務調査が入る可能性が大幅に下がる書面添付制度を全件に導入しています。資産税専門の税務署OB税理士が、可能なかぎりお客様に有利になる申告書を作成し、なおかつ税務調査の極めて少ない申告を実現しています。

　こうした当事務所の体制は、おかげさまで金融機関や取引業者様から高く評価していただいています。そして、「相続に強い事務所」として、多くのお客様を紹介していただいています。

相続専門相談窓口を設置

　当事務所は、相続専門の相談窓口として、「相続手続支援センター静岡」のフリーダイヤル（0120-39-7840）をご用意しています。

　こちらにお問い合わせをしていただくと、相談員が丁寧に対応いたします。相続の相談は毎月50件以上いただいており、経験豊富なスタッフが、お客様の心配を少しでも軽減できるよう努めます。

　電話だけでは個別の相談までは伺えませんので、お問い合わせいただいたあとは、当事務所へ来ていただくか、相談員がお客様の許へ訪問します。その際の相談は全て無料ですので、お気軽にお問い合わせください。

相続手続支援センター静岡（イワサキ経営グループ）

代表者：岩﨑一雄（東海税理士会沼津支部）、吉川正明

職員数：90名

所在地：本社（静岡県沼津市）、支社（静岡県静岡市）

ホームページ：http://www.souzoku-shizuoka.jp/

相続相談窓口　フリーダイヤル：0120-39-7840

税理士法人鶴田会計
税理士法人鶴田会計グループ

鶴田幸久代表

相続の専門家を多数擁する総合会計事務所グループ
相続人のニーズに合わせてきめ細かなサービスを提供

税理士法人鶴田会計は、多数の士業や専門家が所属する総合会計事務所グループ。医療系富裕層の相続対策や、一般企業の相続事業承継対策に多数の実績がある。相談者のニーズにきめ細かく応える分かりやすいサービスメニューが特長。

多様な専門家を擁する
総合会計事務所グループ

税理士法人鶴田会計は、税理士・中小企業診断士・行政書士の鶴田幸久が平成18年に開業した会計事務所です。事務所には、代表の鶴田を含む6名の税理士、2名の公認会計士のほか、中小企業診断士、社会保険労務士、行政書士、ファイナンシャルプランナーなど総勢47名が所属しており、総合会計事務所グループを形成しています。

当事務所の継続的な税務顧問契約先は、平成29年9月現在で340社ほどあり、開業医や医療法人のお客様が3分の1、鶴田と同じ団塊ジュニアの後継者がいる業歴の長い会社が3分の1、残りの3分の1はこれから伸びていく起業家や不動産オーナーです。

医療系富裕層の相続対策、
一般企業の相続事業承継に実績

代表の鶴田は、医療系の富裕層の相続対策や一般事業会社の相続事業承継

対策を中心に、相続業務を18年間経験してきました。また、土地やマンションを活用している不動産オーナーの相続対策にも十分な実績があります。

相続税が改正された平成27年以降の実績では、年間20件以上の相続申告と年間50件程度の相続対策提案を行っており、毎年増加しています。

平成29年からは、愛知県の複数の商工会議所などを中心に、半年で10回以上、事業承継対策の講演を依頼されており、自社株対策や相続対策など多岐にわたる相談に対応しています。

相談者のニーズにきめ細かく応える
サービスメニューを用意

当事務所の大きな特徴としましては、相続対策の分かりやすさが挙げられます。メニューは、無料自社株計算に始まり、評価引き下げ提案付きの自社株計算、1次相続だけでなく、2次相続まで見据えた評価引き下げ提案付きの相続税試算などが挙げられます。我々の提案は、相続税や遺産分割の損得だけでなく、各相続人の納得度の高い相続対策や遺産分割の提案を実行しています。特に、事業承継に関連する相続には大きな信頼をいただいております。

また、実際の申告においては、税務署のOB税理士との連携を取りながら申告書の二重三重のチェック体制も構築し、税務調査対策も万全です。

代表を含む相続専門家が
随時無料相談に対応

当事務所では、鶴田を含む相続専門のスタッフが、随時無料相談に対応しています。相続は、亡くなられる方の想いや、残されたご家族の想いなどが複雑に絡み合い、損得だけで解決しない難しい問題です。自分が死んだ時の財産の計算はとても抵抗のあることですが、事前に対策をしておくことで、残された方々から必ず感謝されます。我々相続専門スタッフは、お客様の円満相続のために、しっかりと丁寧にお話を伺うように配慮しています。ぜひお気軽にお問い合わせください。

税理士法人鶴田会計

代表者：鶴田幸久（税理士・中小企業診断士・行政書士／名古屋税理士会中村支部）
職員数：47名（税理士6名、公認会計士2名、中小企業診断士1名、行政書士1名、社会保険労務士2名）
所在地：本社：名古屋市中村区名駅3-9-13　MKビル5F
　　　　岡崎事務所：岡崎市戸崎元町2-5　LaLa B棟2F
ホームページ：http://www.tsurutax.com/

相続相談窓口　電話：052-587-3036、電子メール：y-tsuruta@tsurutax.com

相続に強い頼れる士業・専門家50選　第1部

NAO 税理士法人
NAO Consulting Group

高井直樹代表

専門家とじっくり打ち合わせできるスペースを用意

岐阜県に拠点を構える総合士業グループ
「争族」を防ぐ多角的な相続事前対策で顧客を支援

NAO税理士法人は、岐阜県岐阜市に拠点を構える大型会計事務所。病院やクリニックの経営コンサルティングで知られており、相続分野では300件超の実績がある。顧客の長期的利益を考慮した多角的な相続事前対策の提案が魅力。

税務・労務・法務など多方面の顧客支援に取り組む総合士業グループ

　NAO税理士法人は、1977年に開業した高井直樹税理士事務所を母体としています。私たちは開業から40年にわたり中小企業や資産家の皆様をご支援しており、蓄積されたノウハウにもとづく高品質なサービスの提供に努めてきました。そして2016年には、サービスのさらなる質的向上を目指し、NAO税理士法人を中核とするNAO Consulting Groupを設立しました。税理士8名を含む総数50名のスタッフが在職しており、税務だけでなく、労務や法務などあらゆる方面から、お客様を総合的にサポートしています。

　当社のお客様は病院やクリニックが中心で、相続の対策や支援に関しましては、6名の専任スタッフが連携してさまざまな要望にお応えします。

相続分野における300件超の実績

　当社は相続分野において、これまで

に300件を超える案件を取り扱っています。

　私たちはお客様との打ち合わせを重視しており、綿密な情報収集とお客様の要望確認に十分な時間をかけています。そして、お客様に納得していただけるご提案、申告の実現を常に心がけています。

　特に自社株対策を中心とした事業承継対策や「争族」対策に力を入れており、早い段階から対策を実施し、より円滑な相続手続きを実現することで、お客様から感謝のお言葉をたくさん頂いています。

長期的視点で最適な相続事前対策を提案

　当社は、前述のように、相続税申告業務だけでなく、相続事前対策のご提案にも力を入れています。ご提案をする際には、会社の事業承継や親族間の争いの防止、ならびに納税資金など、あらゆる面からアプローチした対策をご提案させていただきます。そして、将来予測されるトラブルを未然に防止し、より円滑に相続手続きが行えるようにサポートいたします。

　また、実際に相続が開始した際には、徹底した税務調査対策により、お客様の不安を少しでも解消できるように心がけています。国税専門官OB税理士の最終チェックを受けることで、精度の高い申告を実現します。また、書面添付制度を活用した申告については、遺産総額が10億円を超える案件についても調査省略となり、高い信頼を頂いております。

専門スタッフに悩みを相談できる個別相談窓口を設置

　専門スタッフによる個別相談窓口を設けており、初回相談料は無料です。既に相続が開始した案件はもとより、将来の相続に不安をお持ちの方のご相談も受け付けています。早い段階から準備を進めるかどうかで、相続が開始した際の手続きは大きく異なります。まずは現状把握が大切だと思いますので、お気軽にご相談ください。

NAO税理士法人

代表者：高井直樹（税理士／名古屋税理士会岐阜北支部）
職員数：50名（税理士8名）
所在地：岐阜県岐阜市三歳町4丁目2番地10
ホームページ：https://www.nao.gr.jp/

相続相談窓口：電話（代表）058-253-5411　税務コンサルティング部

名古屋総合税理士法人

細江貴之代表

名古屋地域密着で45年の相続税専門会計事務所
顧客ファミリー全体の資産を最大化することを徹底して追求

名古屋総合税理士法人は、名古屋に拠点をもつ相続税専門の会計事務所。「相続税などの税金と税理士報酬」を名古屋一安くすることを目標に掲げ、税務調査では結果次第で訴訟も辞さないなど、100%顧客の側に立つ姿勢が大きな特長。

名古屋総合税理士法人は、昭和47年に創業した名古屋地域密着型の税理士法人。名古屋地域では相続税専門事務所として知られています。代表の細江貴之氏は、相続に関する書籍の執筆やセミナー講師を数多く務め、さまざまなメディアで取り上げられています。

同社は約30名体制で、税務署出身税理士3名を含む11名の税理士が在籍。相続税の申告は、相続税専門部門が業務を行っています。

同社の顧問先は、創業当初より不動産賃貸業が多く、その顧問先数と相続税申告件数は名古屋有数です。

相続税などの税金と税理士報酬を名古屋一安く抑える

次世代へ引き継ぐ大切な財産を少しでも増やせるよう、「相続税などの税金＋税理士報酬」を"名古屋一"低く抑えるなど、日々お客様に寄り添いながら業務にあたっています。

同社に寄せられる相続の相談件数は毎月数十件に達し、相続税専門部門が

対応しています。さらに社内の司法書士や、弁護士、不動産鑑定士などと連携しています。

また、税務署出身税理士と税務ギリギリのラインの検討をしたうえで申告書の作成、税務調査にあたっているので、是認率（追徴税金がゼロになる確率）が高くなっています。また、税務調査結果に納得がいかない場合は訴訟も辞さないなど、100％お客様の側に立って、最後まで責任をもって業務にあたっているのも大きな特長です。

ファミリー全体の資産を最大化する提案

1次相続の税金が安くても、2次相続の税金と合わせると逆に高くなるのでは本末転倒です。同社では「1次＋2次相続税のシミュレーション」や「法人化節税シミュレーション」など、各種シミュレーションを行ったうえで、ファミリー全体の資産を最大化する申告と提案を行っています。

また、財産分けについてのアドバイスも行っていて、相続税申告期限内に財産分けの合意ができるケースが全体の約95％と、高い実績を挙げています。さらに、事前に相続トラブルを回避する提案にも力を入れています。遺言や民事信託を活用することにより、「円満相続＋節税や遺留分に配慮した対策提案」は、お客様から大変好評を得ています。

①円満に、②納税できる、③「相続税などの税金＋税理士報酬」が最も安いをモットーに、相続業務にあたっています。

専門窓口で経験豊富な相談員が対応

相談予約などのお問い合わせは、下記のフリーダイヤルのほか、メールでも受け付けています。「相続税専門の相談窓口」で、経験豊富な相談員が責任をもって、丁寧に対応。なお、初回の相続相談は全て無料です。お客様のご事情をしっかりとヒアリングしたうえで、アドバイスをしています。

名古屋総合税理士法人
代表者：細江貴之（税理士／名古屋税理士会中支部）
職員数：30名（税理士有資格者11名・うち税務署出身税理士3名）
所在地：栄駅前本社　愛知県名古屋市中区錦三丁目15番15号 CTV錦ビル
　　　　5F＜受付＞・7F＜セミナールーム＞
　　　　池下駅前本部　愛知県名古屋市千種区春岡一丁目4番8号ESSE池下4F
ホームページ：http://nagoyasougou.com/
相続税専門の相談窓口　フリーダイヤル：0120-680-200　メール：contact@hosoe-tax.com

ミッドランド税理士法人
ミッドランド・アライアンス

石川 誠代表(岡崎)

河合秀俊代表(豊田)

齋藤孝一代表(名古屋)

古川吉宏代表(三重)

永田文康代表(岐阜)

天野卓男代表(刈谷)

ミッドランド・アライアンスのスタッフの皆さん

中部地方に6つのオフィスを構える大型会計事務所グループ
豊富なノウハウの蓄積にもとづき顧客の課題を総合的に解決

ミッドランド・アライアンスは、愛知、三重、岐阜の3県にある6つの会計事務所で構成された大型会計事務所グループ。相続案件を年間約200件、合計1000件以上取り扱っており、豊富なノウハウの蓄積にもとづく高い課題解決力が強み。

東海3県に展開する大型会計事務所グループ

ミッドランド・アライアンスは、「中部地方(MIDLAND)の中小企業を支援し、中部経済の活性化に貢献し、もって日本全国の活性化に繋げよう」という理念のもと、平成24年9月に東海3県(愛知、三重、岐阜)の5つの会計事務所が参加して結成されました。

現在では6つの会計事務所が参加しており、税理士・税理士有資格者38名を筆頭に、多数の士業、専門家が在籍しています。スタッフ数は、アライアンス全体で総勢236名です。

1000件以上の相続案件に対応した豊富なノウハウを蓄積

私たちは、相続・事業承継対策を得意分野としています。アライアンス結成後、相続案件を年間約200件、合計1000件以上取り扱っています。膨大な数の案件に対応した経験を蓄積しており、それにもとづく節税ノウハウには大きな自信があります。

また、会社経営者や後継者向けのセミナーなどを行い、事業承継に関するさまざまな情報を提供することで、たくさんの経営者の方から支持していただいています。

6つの税理士法人が連携し、相続のあらゆる問題を解決

私たちの最大の強みは、東海エリアにある6つのオフィス（税理士法人）がアライアンスとして連携することで、総合的かつ高度な問題解決を可能としていることです。

一口に相続対策といっても、相続税の申告だけでなく、事前の相続対策、事業承継対策、民事信託やM＆Aを活用したサポートなど、その内容は多岐にわたります。ひとつの事務所が、これら全てについてアドバイスをすることは容易ではありません。

当アライアンスの6つのオフィスは、それぞれ得意分野をもっています。お客様からご相談があった際は、その事案に最も適したオフィスが対応したり、相互に連携することでハイレベルな対応をし、問題を総合的に解決します。

もちろん各オフィスでは、入念なヒアリングを行い、相続人の思いに寄り添った細やかな気配りをしたアドバイスを心がけています。

相続の悩みは最寄りのオフィスへ

私たちにご相談をご希望の場合は、フリーダイヤル（0120-310-374）におかけいただくか、最寄りのオフィスの相談窓口までお問い合わせください。

ミッドランド税理士法人

名古屋オフィス
名古屋市中村区名駅3-28-12
大名古屋ビルヂング21F
名古屋税理士会中村支部
相談窓口 0120-029-299

豊田オフィス
愛知県豊田市三軒町7-63-5
東海税理士会豊田支部
相談窓口 0120-361-835

岡崎オフィス
愛知県岡崎市葵町3-1
東海税理士会岡崎支部
相談窓口 0564-24-5678

岐阜オフィス
岐阜県岐阜市加納城南通2-22-1
名古屋税理士会岐阜南支部
相談窓口 058-273-1511

三重オフィス
三重県四日市市安島2-1-1
丹羽ビル2F
東海税理士会四日市支部
相談窓口 0120-201-512

刈谷オフィス
愛知県刈谷市幸町2丁目3-3
東海税理士会刈谷支部
相談窓口 0800-555-3039

税理士法人 小川会計
小川会計グループ

小川 健代表

スタッフの皆さん

新潟県屈指の大型会計事務所
豊富なノウハウに基づく提案力と多様な専門家を揃える手厚い体制が強み

税理士法人小川会計は、新潟県全域に展開する大型会計事務所。大型事務所ならではの高度なサービスのひとつとして相続支援を行っており、5年間に400件超の支援実績を誇る。専任の担当者による専門的かつ丁寧な支援が持ち味。

新潟県全域に展開する大型会計事務所

税理士法人小川会計は、代表社員・税理士の小川 健が昭和54年に開業し、平成17年に法人化した会計事務所です。新潟市内に3つの本支店を構えており、代表社員を含む9名の税理士、総勢68名のスタッフがお客様のご支援に当たっています。

当社のお客様は個人事業主から中堅企業まで幅広く、エリアは地元新潟市を中心に、新潟県内全域に広がります。業種は医業、建設業、農業が比較的多い傾向です。通常の会計・税務だけでなく、給与計算や人事、さらに経営計画策定支援やMAS監査などの総合的かつ高度なご支援に努めています。

5年間に400件超の豊富な相続支援実績

相続支援には創業以来長年取り組んでおり、新潟市を中心に申告件数の実績を伸ばしてきました。おかげさまで

直近の5年間に、相続税申告と相続対策支援を合わせて400件超という、新潟県内ではトップクラスの実績を挙げられるまでになりました。

当社は平成16年頃より、相続業務の専任化を図っています。担当の税理士やスタッフは、経験・ノウハウを共有しながら、お客様に最適なご支援ができるように努めています。

申告だけではなく、生前対策にも力を入れています。当社は法人の税務顧問のお客様が多いことから、事業承継まで視野に入れた経営者向けの提案を数多く手がけてきたことも特徴です。

大型事務所ならではの手厚い専門家体制で相続人を支援

当社では、長年相続に携わったベテラン税理士やスタッフが、的確で丁寧な対応を心がけています。相続税の申告書は国税OB税理士がチェックし、税務調査対応までしっかり行います。

また、相続時のトラブルを防ぎ、遺言書の作成支援に力を入れるため、「一般社団法人小川会計相続支援センター」を設立しました。相続診断士が丁寧なサポートを行っており、お客様から「詳しく教えてもらえた」とのお声を頂いています。

これに加えて、司法書士や弁護士などの他士業とも連携していますので、不動産の相続登記や売却などのアフターフォローまで対応できます。

生前対策はフリーダイヤルで女性相談員が対応

経験豊富な当社の税理士やスタッフに、お客様のお話をお聞かせください。初回相談は無料で受け付けています。

特に、生前の相続対策を支援する「小川会計相続支援センター」はフリーダイヤルもご用意しています。女性の相談員が、元気で丁寧にお客様のお話を伺います。いつでもお気軽にお問い合わせください。

争続・争族のない、ご家族皆様が納得される円滑な相続のお手伝いをさせていただきたいと考えています。

税理士法人 小川会計

代表者:小川健(税理士/関東信越税理士会新潟支部)
職員数:68名(税理士9名)
所在地:〒950-0812 新潟県新潟市東区豊2-6-52(本店)
ホームページ:https://www.ogawakaikei.co.jp/
代表電話:025-271-2212
遺言相談窓口:小川会計相続支援センター 0120-17-0556

本店の小川会計ビル

税理士法人SBCパートナーズ
SBCグループ

柴田 昇代表

SBCグループの瀟洒なオフィス

事業承継・相続対策を得意とする大型会計事務所グループ
資産税専門チームが相続を通じた「笑顔の相続」を実現

税理士法人SBCパートナーズは、国内8拠点、海外1拠点を展開する大型会計事務所グループSBCグループの中核部門。事業承継・相続対策に力を入れており、顧客の「笑顔の相続」を実現するオーダーメイドの提案が持ち味。

国内8拠点、海外1拠点の
大型会計事務所グループ

税理士法人SBCパートナーズは、代表の柴田昇が平成6年12月に開業した柴田会計事務所を母体としています。その後、20年あまりで国内8拠点と海外1拠点に展開。現在は9社のグループ会社で構成されるSBCグループに成長しています。

柴田が得意とする事業承継・相続対策は経営者や資産家の皆さまにご支持をいただき、SBCグループの主要事業になっています。柴田は金融機関や保険会社が主催するセミナー講師の実績が多数あり、日経フォーラムの「魔法の生前贈与」セミナーはキャンセル待ちが出るほどの人気でした。

依頼者との信頼関係を重視して
「笑顔の相続」を実現

事業承継・相続対策において、SBCグループが最も大切だと考えるのは「笑顔の相続」です。

ご依頼を受けたときは、まず、お客様とそのご家族にお会いし、ゆっくりと時間をかけて、いろいろなことをお訊きします。

財産をお持ちの方には、さまざまな悩みや不安があります。私たちは、その悩みや不安の原因となっている問題まで掘り下げ、お客様の潜在意識のなかにあるニーズを導き出します。

財産をめぐってはさまざまな欲望が渦巻くものであり、事業承継や相続対策は一筋縄ではいきません。SBCグループでは各専門家との連携により、一つひとつの課題を丁寧に解決し、相続人全員が笑顔になる相続を実現していきます。

SBCグループでは、依頼者の想いを後継者へスムーズに伝えるために、オーダーメイドによるご提案でお手伝いさせていただきます。単に一次相続、二次相続における税負担だけでなく、依頼者の想いや考え方、価値観といった無形の財産も後継者となる子、子から孫、孫からひ孫の代まで脈々と承継できるように見据えて事業承継・相続対策を行います。

専門特化チームが顧客を支援

SBCグループでは、相続・事業承継などの資産税だけに専門特化したチームを設けています。資産税専門チームは会計事務所の一般的な業務は行わず、資産税案件だけに従事しています。

SBCグループ内の税理士法人、行政書士法人、司法書士法人の包括的サービスに加えて弁護士や不動産鑑定士等との連携によるサポート体制も万全です。そのため、全国のお客様から寄せられる、あらゆる相続関連の手続きをワンストップでご対応しています。

全国に相談用の拠点を設置

SBCグループは、国内では大阪（梅田、なんば）、東京、横浜、名古屋、東三河、浜松、湖西の8つの拠点があります。

ご相談の際には、SBCグループの最寄りの拠点に直接お問い合わせください。専門チームのスタッフが丁寧に対応させていただきます。

税理士法人SBCパートナーズ（近畿税理士会北支部）

代表者：柴田 昇
職員数：123名
所在地：〒530-0051
　　　　大阪市北区太融寺町3-24
　　　　日本生命梅田第二ビル3階
ホームページ：https://www.c-sbc.co.jp/

相続相談窓口：
大阪本社（梅田）06-6315-1819
なんば 06-6210-2255　　東京 03-5468-3336
横浜 045-548-9009　　名古屋 052-203-1112
東三河 0533-88-2958　　浜松 053-463-3555
湖西 053-578-0358

税理士法人総合経営
総合経営グループ

長谷川佐喜男代表と長谷川真也所長

専門家が多数所属する総合経営のオフィス

京都、愛知、滋賀の3県に拠点を構える広域型会計事務所
土地や株式の専門家集団が納得感のある相続税申告を実現

税理士法人総合経営は、京都府、愛知県、滋賀県の3県に拠点を構える会計事務所。納税額に多大な影響を与える不動産や非上場株式の評価に関する専門家が多数所属しており、納税者にとって納得感のある提案を行う。

相続案件1,500件の実績をもつ会計事務所

私たち税理士法人総合経営は、代表の長谷川佐喜男が1984年に開業して以来、一貫して相続や事業承継の支援に力を入れてきました。

当事務所は職員数に対する専門家の割合が高く、不動産や経営、税金などの分野でさまざまな支援サービスを提供しています。相続支援に関しましても、時代のニーズをとらえ、お客様一人ひとりに合う提案を行っています。

これまでに関与させていただいた相続業務の件数は1,500件で、年間の申告件数は40件を超えています。案件の内容としましては、不動産や非上場の株式を活用しているものが多く、これらの評価に関する豊富なノウハウを有することが強みです。

相続税申告の否認がほとんどない高い品質の業務

また、当事務所は創業以来、相続税

申告業務で税務当局より否認をうけたことがほとんど皆無という状況です。複雑な不動産が絡む案件であっても、お客様やご親族に納得いただくまで、妥協せずにスタッフ一同ご提案に取り組みます。こうした姿勢は私たちの変わらぬ姿勢であると自負しており、お客様からは感謝していただいています。

相続の専門家集団が
納得のできる相続税申告を提案

当事務所の特長は、税理士だけでなく、公認会計士、不動産鑑定士、宅地建物取引士、CFP、司法書士など、不動産のプロフェッショナルが在籍していることです。専門家が土地の現地調査に基づく資料作成、評価の難しい物件に対する最善の提案を考えることで、納税をするお客様の納得感を高めています。また、取引の公平性・透明性を担保するため、不動産評価（不動産オークション）の活用も提案しています。

当事務所は安心していただける税務申告を心掛けており、税務調査で論点になる可能性のある資料は全て申告書に添付しています。そのため、税務否認リスクが大幅に下がります。また、申告書の内容が適正であることを税理士が保証する書面添付制度も導入しています。

このほかにも、次世代を見越した相続を行い、円満円滑な分割を実施できるように、「家族信託」などの活用もご提案できます。

相続対策をお客様と私たちの二人三脚で行うことで、ご家族にとって最善の相続の実現をお約束いたします。

京都、愛知、滋賀の3拠点で
専門スタッフが相談に対応

当事務所は、相続や資産運用、生前対策について、いつでもご相談に対応いたします。代表の長谷川をはじめ、相続に強いスタッフが京都、愛知、滋賀の事務所に在籍していますので、相続に対する相談について、何なりとお気軽にお問い合わせください。

税理士法人総合経営（京都事務所、東海事務所、滋賀事務所）
代表者：長谷川 佐喜男（近畿税理士会中京支部）
職員数：35名（税理士7名、公認会計士5名、CFP3名、宅建1名）
ホームページ：http://www.sogokeiei.co.jp　E-mail：info@sogokeiei.co.jp
京都事務所：〒604-0847　京都市中京区烏丸通二条下ル秋野々町529番地 ヒロセビル9階
　　　　　　　相談窓口　TEL：075-256-1200
東海事務所：〒491-0858　愛知県一宮市栄4-1-5 エースリービル3階
　　　　　　　相談窓口　TEL：0586-64-7221
滋賀事務所：〒520-0802　滋賀県大津市馬場2-6-13 T.H.51ビル2階
　　　　　　　相談窓口　TEL：077-525-2331

日本経営ウィル税理士法人
日本経営グループ

東京事務所のエントランス

日本経営ウィル税理士法人主催の日韓相続セミナー

創業50周年を迎えた日本経営グループのメンバーファーム
相続の専門家を多数擁し、国際相続など難度の高い案件にも多くの実績

日本屈指の大型会計事務所である日本経営ウィル税理士法人は、相続に関する多様な専門家を擁し、信託や不動産の活用、国際相続などの難度の高い相続案件に数々の実績をもつ。

日本経営ウィル税理士法人は、今年で創業50年を迎えた日本経営グループのメンバーファームであり、国際相続申告、医療機関の相続で多くの実績があります。大阪と東京に拠点を構え、税理士34名、公認会計士12名、行政書士7名、その他スタッフ、総勢315名が所属しています。

当事務所は、資産家、中小企業、医療機関、上場企業オーナーといった方々の相続、事業承継問題に古くから携わってきました。こうした経験や実績をもとに、高度な専門知識を要する税務申告、対策の立案、贈与提案、遺言書作成から、相続発生後の手続きまで、幅広い相続、事業承継のご支援を行っています。

各種専門家が相続対策を提案

当事務所には、遺言、事業承継、信託、国際相続、不動産などの専門家がそろっています。相続に関するあらゆる分野の専門家が結集し、単なる申告書の作成業務にとどまらず、一歩踏み込んだ相続対策を提案できます。

企業オーナー様の事業承継、不動産オーナー様の財産承継、海外に財産がある場合の国際相続税申告にも多数の実績があります。相続について最適な準備をしたいとお考えの方は、ぜひご相談ください。お客様のご相談の内容に合わせ、オーダーメイドでぴったりの対策を提案させていただきます。

先代を超えて立派に変わっていく

後継者の育成は相続・事業承継で最も重要です。先代からはしばしば、「まだ、承継させられない」とお聞きします。経営者としての痛切な願いからの言葉です。

私たちは「名跡・祭祀・家業・家産」という言葉を大切にしています。まず「名を継ぐ」。そして「一族の繁栄を願う」。そのために「家業を継ぐ」。それを支えるために「財産を継ぐ」。

これが相続の順番であり、後継者育成の順番です。この順番を軸に、相続・承継対策を推進していきます。その過程で後継者の方が立派に変わられていく様をこれまで幾度となく見てきました。一緒に実感し、言葉にはされない先代の温かい眼差しを見られることが、私たちの仕事の何よりの喜びであり誇りです。

時が経ち、世の中や地域社会、ご家族や資産の状況は確実に変化します。この変化を考慮し、最適な提案をいたします。

無料相談窓口やセミナーで相続の啓発活動を展開

既に相続が発生していて、対応を必要とされている方は、まずは当事務所にお電話をください。専門家がお客様のお話を伺い、相続の全体像をお話しさせていただきますので、心の負担を減らすことができます。そして、ご要望に応じた、経済的に無駄のない相続を提案させていただきます。ご相談いただく際に費用は頂いておりません。

ぜひ当事務所が主催する相続に関するセミナーへご参加ください。電話かメールでご連絡をいただけましたら、開催日程をご案内させていただきます。

日本経営ウィル税理士法人 (写真は大阪本社)
代表者：丹羽修二
職員数：315名（税理士34名、公認会計士12名、社労士6名、建築士2名、中小企業診断士4名（平成29年10月2日現在））
拠　点：大阪本社、東京事務所
所属税理士会：近畿税理士会、東京税理士会
ホームページ：https://www.nktax.or.jp/

相続相談窓口
担　当：東、由上（あずま、ゆかみ）
電　話：06-6868-1174
メール：takeshi.yukami@nkgr.co.jp

NK-GROUP

当事務所は日本経営グループのメンバーファームです

税理士法人タカハシパートナーズ

髙橋 雅和代表

相続の相談に対応する髙橋代表とスタッフの皆さん

相続相談案件6,500件以上の会計事務所
相続専門チームが税務調査に強いスピード申告を実現

税理士法人タカハシパートナーズは、広島県と岡山県に拠点を構える会計事務所。10名で構成される相続専門チームを擁しており、相続の相談に累計6,500件以上対応してきた実績をもつ。

相談対応6,500件以上の実績をもつ相続に強い会計事務所

　税理士法人タカハシパートナーズは、代表の髙橋雅和が昭和61年に開業した税理士事務所です。髙橋を含む4名の税理士、2名の行政書士、2名の宅地建物取引士が所属しており、スタッフ数は総勢32名です。

　当事務所のお客様は、50～60代の中小企業経営者が中心です。それに加えて、個人および法人で賃貸アパートやマンションを経営されているお客様を1,000件ほどご支援しています。私たちは、こうした方々の相続支援に力を入れています。

　代表の髙橋は、大手建設業者の税務顧問を約25年務めており、相続の相談実績は数千件にも及びます。事務所を税理士法人化した現在では、相続専門チーム10名とともに、相続の相談を年間600件以上、累計で6,500件以上扱っています。

　なかでも個人の不動産経営者の法人

成りを多く手掛けており、豊富なノウハウを有しています。

当事務所には相続専門のスタッフが10名いますので、本社および岡山支店へいつ相続の相談に来られても、常時対応できる体制を整えています。

税務調査対策の徹底とスピード申告を両立

当事務所の特徴は、第一に税務調査対策を徹底的に行っていることです。

平成26年以降、全ての申告に書面添付制度を採用しています。書面添付制度とは、税理士法第33条の2に規定されている制度であり、この制度を利用する税理士は、申告書に「その内容が正しいということを税務署へ説明する書類」を添付し、申告します。

当事務所では書面添付制度を導入して以降、相続税申告数104件(平成29年12月末現在)のうち、税務調査は1件もありません。

次に、最短1週間からのスピード申告が挙げられます。これは豊富な経験を持つ代表の髙橋と国税OB、そして相続専門スタッフ10名が申告業務を行うことにより可能となります。

いつでも問い合わせられる相続相談窓口を設置

当事務所では、相続の無料個別相談会を本社および岡山支店において毎週行っています。また、両店舗とも常時、相続専門のスタッフが相続に関するあらゆる相談に対応できる体制を整えています。相続税申告に関する相談につきましては、いつでも無料でお受けいたしますので、どうぞお気軽にお問い合わせください。

相続の事前対策につきましても、「相続対策安心パック」というプランにより、相続税の試算、節税対策、納税資金の確保および「争続」対策等の提案をしています。

また、入会金、年会費無料の「相続安心クラブ」という組織を運営しており、無料セミナーなども定期的に開催しています。

税理士法人 タカハシパートナーズ

代表者：髙橋 雅和（中国税理士会福山支部）
職員数：32名（税理士4名、行政書士2名、宅地建物取引士2名）
所在地：福山本社　広島県福山市西町3丁目10番37号
　　　　岡山支店　岡山県岡山市北区本町6-36 第一セントラルビル8F
ホームページ：http://www.mt-taxcs.com/

相続相談窓口（フリーダイヤル）：福山本社　0120-74-1471
　　　　　　　　　　　　　　　　岡山支店　0120-16-3210

光廣税務会計事務所

光廣昌史代表

セミナーの様子

60年近くにわたり広島の法人と個人を支援し続ける会計事務所
専門チームによる多角的な提案、セミナーによる啓発活動が特長

光廣税務会計事務所は、広島市に拠点を構える会計事務所。豊富なノウハウをもつ相続専門チームがさまざまな角度から軽減対策の提案を行うほか、顧客の長期的な利益を実現するためにセミナーによる啓発活動に力を入れている。

広島県の法人や個人を60年近く支援し続ける会計事務所

　光廣税務会計事務所は、代表の光廣昌史の先代が、昭和36年に創立した会計事務所です。代表を含む5名の税理士、総勢30名のスタッフが所属しています。

　当事務所は多様な業種のお客様をご支援しており、関与先はおもに広島県内の法人300社、個人500名となっています。

関与先との深い信頼関係から相続案件が増加

　当事務所は創業以来変わらぬ誠実な業務を通じてお客様と深い信頼関係を築いており、事業承継や相続対策の相談案件を扱う機会が年々増えています。平成28年の相続税申告件数は43件、平成29年は70件です。

　当事務所は相続税申告だけでなく、事業承継支援の一環として、後継者の育成とスムーズな事業承継をサポート

する講座「後継者の羅針盤」を開講しています。この講座では、企業経営の必須要素である「ビジネスモデル」「財務」「人・組織」「統治基盤」の4つについて、実践型の演習を通じて体系的に学んでいただいています。

相続専門チームが多様な軽減対策を提案

当事務所は相続税などの資産税の分野を強みとしています。特筆すべき点は、ノウハウを共有する相続専門チーム「財産承継部」が連携し、さまざまな軽減対策を提案できることです。例えば相続対策では、二次相続まで考えたトータルな分割案や、相続人ごとの資金繰りまで踏まえた納税方法をご提案しています。

相続税申告においては、相続財産を正確に把握するために、不動産の評価では現地確認を行い、金融資産については過去の取引履歴により資金の流れを確認し、疑問点を精査したうえで適正な申告を行っています。

円満な相続を実現する方法を学べるセミナーを開催

当事務所は、財産承継部を窓口として、ベテランスタッフがお客様の相談に応じていますので、お気軽にお問い合わせください。

円満な相続をするためには、相続が発生する前から計画的に準備をすることが必要です。当事務所では、相続に備えていただくための「家族を幸せにする相続セミナー」を開催し、最新情報をご提供しています。約半年(全6回)かけて相続について学ぶ当セミナーに参加していただければ、相続や贈与の基礎知識に加え、相続にまつわる諸手続きや、遺言対策、家族信託、相続税調査の受け方など、相続に関するあらゆる知識を身につけていただくことが可能です。

このセミナーのなかで、相続税の簡易シミュレーションを無料で実施していますので、ぜひご活用いただき、将来に備えてください。

光廣税務会計事務所
代表者:光廣昌史(代表取締役・税理士/中国税理士会広島西支部)
職員数:30名(税理士5名)
所在地:〒730-0801 広島市中区寺町5番20号
ホームページ:http://www.office-m.co.jp/
相続相談窓口 電話番号:082-294-5000
メールアドレス:sozoku@office-m.co.jp

相続の相談に丁寧に対応

アイジータックス税理士法人
IG会計グループ

岩永經世代表

未来会計サービスのひとつ「将軍の日」

中小企業支援のリーダー的存在の会計事務所
相続支援の分野でも顧客の家族の未来像を実現させるサービスを提供

アイジータックス税理士法人は長崎と宮崎に拠点を構える会計事務所で、中小企業の経営支援の分野では会計業界のリーダー的存在。中小企業支援で大きな成果を上げたノウハウを生かし、顧客の想いが次世代に残る相続を実現させる。

未来会計を先導する著名会計事務所

　アイジータックス税理士法人はIG会計グループの中核部門であり、代表の岩永經世（税理士）が1984年に創業しました。職員数は長崎と宮崎にあるオフィスを合わせて22名で、このうち3名が税理士、2名が公認会計士です。

　IG会計グループには、アイジータックス税理士法人以外にも、MAS監査事業関連の法人が9社あります。これらの法人に所属する28名を加え、グループ全体で総勢50名の体制になっています。

　グループの名称でもある「IG」はIntelligent Groupの略称で、「衆知を集め、世のため人のために貢献できる仕事をしよう！」をモットーとしています。社会に貢献できる仕事として、私たちは「未来会計」に基づく提案型のサービスに力を入れています。

　未来会計とは、経営者が考える会社

の未来像を明確にし、そこに至るための支援を行うサービスです。経営改善のサイクルの確立、財務戦略アドバイス、リスクマネジメントなどを行うMAS監査は、当グループが提供する主要な未来会計サービスです。

未来志向の相続対策

相続分野においても、未来会計の視点で、お客様の課題を解決するさまざまな提案を行うことに力を入れています。相続とは、単純に「財産の承継」だけを意味するのではなく、承継するものは「財産」「事業」「想い」など、現所有者の意志を反映したものでないと意味がありません。お客様が考える家族の未来の姿を明確にし、それが実現するように、さまざまな提案をさせていただきます。

具体的には、最初に申告に近い形での相続税シミュレーションを行います。そして対策としては、①必要となる納税資金の確保、②「争続」対策、③節税対策という順番でアドバイスを行っています。

また、独自の「エンディングノート」を使い、『誰に』『何を』の部分を生前に考えていただき、「未来に対する安心感」を持っていただくことを価値だと考えています。

相続対策は将来を見据えて行う

相続対策は、相続発生時ではなく、将来を見据えて行うべきだと私たちは考えています。一次相続だけでなく、二次相続という「近い将来起こりうるリスク」を勘案して、『トータルでの節税』を提案させていただいています。

税は、人々の生活と切り離すことのできない「Living Cost」です。税理士は、その身近な税について、専門性を持ちながらもお客様に「寄り添う存在」であるべきだと考えています。

経営者や納税者の方々の立場に立って問題や悩みを共有して、解決していける存在でありたいと思っています。

アイジータックス税理士法人

代表者：岩永經世（九州北部税理士会長崎支部）
職員数：22名（長崎18名・宮崎4名）
所在地：長崎県長崎市元船町14-10　橋本商会ビル4F
ホームページ：http://ig-mas.gr.jp/
相談窓口：電話 095-826-1311
　　　　　メール iwanaga-group@ig-mas.gr.jp

税理士法人SKC
（相続贈与相談センター北九州）
SKC会計グループ

堺 俊治代表

原口佳絵税理士

加納誠士税理士

北九州市の企業を支援して半世紀の老舗会計事務所
世代を超える相続対策支援で経営者から圧倒的な支持

税理士法人SKCは、北九州市戸畑区に拠点を構える老舗会計事務所。創業から50年近い歴史をもち、二次相続まで想定した長期的視点に基づく相続・事業承継対策は特に資産家や企業オーナーから支持されている。

50年近い歴史を持つ老舗会計事務所

税理士法人SKCは、昭和44年の創業から今年で49年になる会計事務所です。平成29年4月に八幡事務所と門司事務所を統合し、北九州市戸畑区にあるJR九州工大前駅の近くに移転しました。

当事務所には、グループ会社として経理代行の法人と経営コンサルティングの法人があり、スタッフ数はグループ全体で38名、税理士は代表の堺俊治を含めて4名が在籍しています。

当事務所は多様な業種のお客様の税務顧問をしていますが、北九州という地域性から、製造業のお客様が多くいらっしゃいます。歴史の長い顧問先や、自社株が高い顧問先には、相続対策のフォローをしっかり行っています。

経営者に喜ばれる
二次相続まで想定した対策

私たちは、相続税の申告を年間20

～30件行っています。また、相続税対策として、贈与を絡めた土地活用などのご提案を行っています。税務顧問のお客様を中心に、二次相続まで想定した相続・事業承継対策のご提案も行っています。こうした取り組みは特に経営者や企業オーナーのお客様に喜んでいただいており、ご紹介もたくさんいただいています。

徹底した税務調査対策で安心の相続税申告を実現

当事務所の特徴のひとつは、税務調査への対策を徹底して行っていることです。必ず来る税務調査で是認をもらえるように、徹底したシミュレーションを行っています。

申告書は各担当が起案し、ベテラン税理士が丁寧に精査して申告をする体制を採っています。そのため、これまでの申告では、当事務所で聞き取り把握している範囲での是認は得ています。

さらに当事務所では、書面添付により申告内容の適正性を保証しており、税務調査に入られる可能性を大きく下げています。

発生前の相談が円滑な相続を実現する

当事務所は相続相談窓口を設置しています。お電話をいただければ、初回のご面談の予約を取らせていただきます。ご面談では、ベテラン税理士がお客様の相談に丁寧に応じます。相続の相談は勇気の要ることですが、初回の相談は無料ですので、何なりと相談してください。

円滑な相続を実現するためには、知っておかなければならないこと、準備しておかなければならないことがあります。誰しも自分が亡くなった後に、子どもたちに骨肉の争いをしてもらいたくないと思っているのではないでしょうか。

専門家への事前の相談が何よりも円滑な相続を実現します。思い立った時に相談においでください。

税理士法人SKC（相続贈与相談センター北九州）

代表者：堺俊治（税理士／九州北部税理士会八幡支部）

職員数：38名（税理士4名）

所在地：北九州市戸畑区中原新町3番3号

ホームページ：https://www.sakaikeiei.co.jp/

相続相談窓口：093-482-5588

司法書士法人 オフィスワングループ

島田雄左代表

JR博多駅直結のオフィス

相続関連業務500件以上の実績をもつ司法書士法人グループ
多数の専門家を擁し、信託や組織再編など高度なサービスを提供

オフィスワングループは、全国に3拠点を構える司法書士法人グループ。相続関連業務を専門に扱うネットワーク「相続の窓口」を擁し、司法書士や税理士、弁護士などの専門家が、相続の悩みをワンストップで解決するサービスを提供します。

強力な専門家ネットワークをもつ司法書士法人グループ

司法書士法人オフィスワングループは、司法書士の島田雄左が平成24年に開業した司法書士事務所です。事務所には代表の島田を含む10名の司法書士、総勢40名のスタッフが所属しています。

当事務所は、金融機関、不動産会社、税理士事務所と業務提携等を行い、不動産オーナーや経営者の皆様に法的サービスを提供しています。近年は、特に「家族信託・民事信託」に注力しています。

500件以上の実績をもつ相続支援専門会社

当事務所は、平成27年に「相続の窓口」をオープンしました。そして、地方銀行と業務提携し、相続関連業務を行っています。司法書士、税理士、弁護士が運営する会社ですから、お客様の悩みをワンストップサービスで解

決できる点がご好評を頂いています。また、「分かりやすい説明」「丁寧で親切」「今後もいろいろと相談したい」といった感謝の言葉も頂いています。おかげさまで、これまでに取り扱った案件数は500件以上になります。

「相続の窓口」では、ショッピングセンターで相続や遺言の無料相談会を開催したり、九州エリアでテレビCMを放送したりしています。

複数の士業が相続人の課題をワンストップで解決

「相続の窓口」は税理士法人、弁護士法人と提携しており、グループ総勢60名のスタッフでお客様をサポートしています。相続手続きにおける不動産や預貯金の名義変更、生前対策における遺言や信託は司法書士、相続税や贈与税対策は税理士、遺産相続におけるトラブル時は弁護士が対応するなど、各専門家がワンストップでお客様をご支援します。

こうした手厚い専門家体制により、不動産オーナーや経営者の皆様の生前対策において、信託や組織再編など、専門性の高い分野までカバーできる点が最大の強みです。

相続が初めての人にも分かりやすく対応する専用窓口を設置

「相続の窓口」にお問い合わせの際は、相続専用のフリーダイヤルから問い合わせていただくことができます。電話が苦手な方のために、ホームページには相談フォームもご用意しています。

面談をご希望の場合、ご予約をいただけましたら、博多駅直結のオフィスでお話を丁寧に伺います。

当事務所のスタッフは、電話相談時や面談時の相談に対して、外部の講師を招いて講習を受けております。電話などでのご対応の際は、丁寧で分かりやすく説明するように努めています。

相続のご相談は初回無料にてご対応していますので、お気軽にお問い合わせください。

司法書士法人オフィスワングループ

代表者：島田雄左（東京司法書士会中央支部）
職員数：40名（司法書士10名）
所在地：福岡市博多区博多駅前1丁目1番1号
　　　　博多新三井ビルディング8階
ホームページ：http://officeone-jp.com/
相続相談窓口：0120-56-9911

相続相談ここがポイント

《ポイント1》相続の専門家に相談しよう

相続の相談は会計事務所や司法書士事務所などの士業事務所にするのが一般的ですが、士業事務所はそれぞれ得意分野をもっています。士業事務所に相続の相談をする際は、その事務所が相続を得意としているかどうかを確認しましょう。事務所が本書に掲載されていれば相続を得意としていますし、事務所のホームページで何が得意分野なのかを調べる方法もあります。

《ポイント2》なるべく早く行動しよう

相続の悩みを抱えている方は、「親族間のトラブルを避けたい」「世話になった人に財産を残したい」「家業を円滑に引き継ぎたい」といった思いを抱いているでしょう。しかし、自分が死んで相続が始まってしまうと、そのような思いを実現する選択肢はほとんどなくなってしまいます。その一方で、死ぬ前に相続への備えをしようと思えば、自分の思いを実現させる選択肢は大きく広がります。相続の悩みを抱えているのであれば、なるべく早く行動するべきです。

《ポイント3》基礎知識を身につけておこう

相続に備えておきたいのでしたら、相続の基礎知識を身につけることをお勧めします。基礎知識を身につけていれば、専門家に相談する際にも、自分の思いを正確に伝えたり、より高度な相談をしたりすることができます。次のページから始まる「第2部　相続について学ぶ」では、相続に関する基礎的な知識を解説していますので、ぜひ活用してください。

第2部
相続について学ぶ

相続に関する知識をある程度身につけておくと、専門家との相談を円滑に進めることができます。ここでは、相続に向き合ううえで役に立つ基礎的な知識について解説します。

執筆:税理士法人チェスター

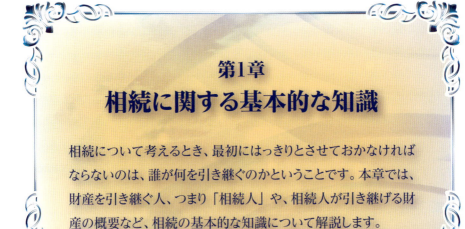

財産を引き継げる人は民法で決まっている

相続について知ろうとすれば、それを定めている民法を確認する必要があります。民法によると、相続は次のように定義されています。

相続とは、亡くなった人（**被相続人**といいます）の財産を、誰かのものにするための制度です。亡くなった人の財産には、預金債権や現金、不動産といったプラスの財産だけでなく、借金のようなマイナスの財産も含まれます。

それでは、被相続人の財産は誰のものになるのかといいますと、民法では原則として、被相続人と一定の親族関係にあった人（**法定相続人**といいます）に帰属させることになっています。

なお、被相続人が生前に自分の意思を**遺言**という形で表明しておけば、自分の選んだ人、つまり**受遺者**に財産を帰属させられます。

遺言については154ページの「遺言を書いて争族を防ぐ」以降で詳しく触れますが、遺言がある場合は、原則として遺言に従って亡くなった人の財産の帰属が決められます。

他方、遺言がない場合は、民法の定めるルールによって法定相続人に対す

第1章 相続に関する基本的な知識

図表3　相続人の優先順位

続柄	順位	解説
配偶者	常に相続人	法的に婚姻している人
子	第1順位	被相続人に子があるときは子と配偶者が相続人になる
親	第2順位	被相続人に子がないときは親と配偶者が相続人になる
兄弟姉妹	第3順位	被相続人に子と親がないときは兄弟姉妹と配偶者が相続人になる

る財産の帰属が決められ、これを**法定相続**といいます。つまり、遺言の有無によって、亡くなった人の財産の処理は大きく異なるのです。

相続手続きのはじめの一歩は、誰が相続人になるかという、相続人の確定です。相続手続きは、以下の手順で進んでいきます。

> ①誰が相続人になるのかを確定する。
> ②相続の対象となる財産、つまり**相続財産**の範囲を確定する。
> ③相続人が複数いる場合[1]には、各相続人がそれぞれ何をどれだけ相続するのかを確定する。

相続人には優先順位がある

民法では、被相続人と一定の親族関係にあった者を相続人と定めており、相続人になる順位をつけています。民法の定めた順位に従って、相続人が決定されることになります（図表3）。

まず、被相続人に配偶者がいる場合は、常に相続人になります。

さらに被相続人に子があるときは、子またはその**代襲者**[2]、再代襲者が第1順位の相続人になります。

次に、被相続人に子がないときは、被相続人の**直系尊属**[3]のうち、親等の近い者が第2順位の相続人になります。第1順位の人がいないと、第2順位の人が相続人になるということです。

そして、直系尊属が健在でない場合には、兄弟姉妹またはその代襲者が第3順位の相続人となります。

これらをまとめると、114ページの図表4のようになります。

1　これを**共同相続**といい、この場合の相続人を**共同相続人**といいます。
2　代襲者の意義については114ページの図表4を参照してください。
3　直系尊属とは、自分よりも前の直系の世代で、親や祖父母などのことです。

図表4　相続人の優先順位の判断

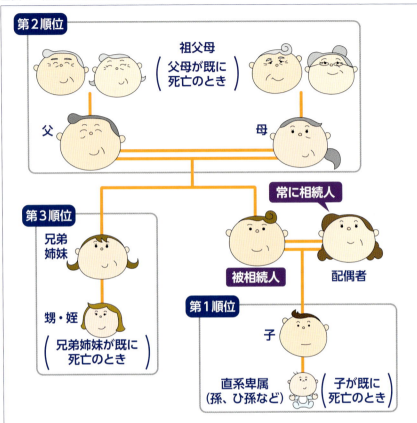

①配偶者である妻（夫）は常に相続人となる。
②それに加えて子（息子・娘）がいる場合は、第1順位の相続人となる。妻（夫）が既に亡くなっている場合も同様。
③子が既に亡くなっている場合は、孫が代わりの相続人（代襲相続人）となる。
④孫も既に亡くなっていれば、ひ孫にと何代でも代襲できる。
⑤第1順位の相続人が誰もいない場合に限り、父母が第2順位の相続人となる。
⑥父母が共に亡くなっている場合は、祖父母にさかのぼる。
⑦祖父母も既に亡くなっていれば、何代でもさかのぼれる。
⑧第2順位の相続人もいない場合は、被相続人の兄弟姉妹が第3順位の相続人となる。
⑨兄弟姉妹が既に亡くなっている場合は、その子である甥・姪が代襲相続人となる。
⑩甥・姪も既に亡くなっている場合、その子は代襲相続人になれない。

法定相続分は遺産の配分に関する"目安"

遺産を相続人にどう配分するのかについては、民法で定められています。誰がいくら相続する権利をもつのか、その割合をあらかじめ知っておくのは大切なことです。ここでは、誰がどれだけ遺産を相続できるのかについてお話しします。

被相続人が遺言などにより相続人間の相続分を指定している場合は、原則として被相続人の指定した相続分に従い、相続財産が分配されます（ただし、遺言を作ればどんな財産の分配でも可能になるというわけではありません）。[4]

一方、被相続人が遺言を作成せずに亡くなるなど、相続財産の分配に関する被相続人の意思が明らかとならない時は、民法の基準に従って相続財産の分配を行うことになります。その規定が、**法定相続分**といわれるものです。

法定相続分を定める民法第900条の内容をまとめてみましょう。

①子および配偶者が相続人のときは、子の相続分および配偶者の相続分は各2分の1とする。
②配偶者および直系尊属が相続人のときは、配偶者の相続分は3分の2とし、直系尊属の相続分は3分の1とする。
③配偶者および兄弟姉妹が相続人のときは、配偶者の相続分は4分の3とし、兄弟姉妹の相続分は4分の1とする。
④子、直系尊属または兄弟姉妹が複数の人数いるときは、各自の相続分は相等しいものとする。

被相続人よりも後の直系の世代で、子や孫のことを**直系卑属**と呼びます。これが法定相続人でいうところの第1順位のグループにあたります。

被相続人よりも前の直系の世代で、親や祖父母のことを直系尊属と呼びます。同じく、法定相続人でいうところの第2順位のグループです。

法定相続分についてまとめると、116ページの図表5のようになります。

---

[4] 遺言による財産の分配の結果、特定の相続人の相続分が大きくなりすぎ、他の相続人の**遺留分**（161ページの「基礎知識：遺留分とは」を参照）を減殺する結果となる場合は、遺留分減殺請求の限度において、被相続人の指定した相続分は修正されます。

図表5　法定相続人と法定相続分

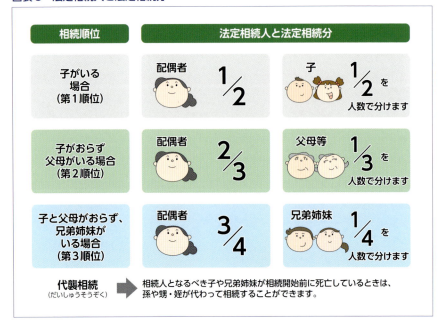

相続の対象になる財産、ならない財産

　相続の対象になる財産とは、どのようなものなのでしょうか。

　これをよく知っておかないと、返済できない負債まで相続してしまうことになりかねません。また、相続の対象とならない財産を知っていれば、これをうまく利用する方法があります。

　民法には、「相続人は、相続開始のときから、被相続人の財産に属した一切の権利義務を承継する」と定められています。

　そのため、相続の対象となる財産には、不動産、現金、預貯金、株券などのプラスの財産（**積極財産**）だけでなく、借入金、住宅ローン、損害賠償義務などのマイナスの財産（**消極財産**）も含まれます。また、通常の保証債務についても相続の対象となります。

　プラスだけでなくマイナスの財産もあるため、相続が生じた際、積極財産より消極財産の額のほうが多いこともあります。しかしその場合でも、原則として全ての財産（積極財産および消極財産の両方）を受け継ぐことになり

図表6　相続財産の対象

不動産	土地、建物
動産	現金、自動車、貴金属、美術品など
債権	借地権、賃借権、貸金債権、電話加入権など
無体財産権	特許権、著作権、商標権、意匠権など
裁判上の地位	裁判上の損害賠償請求権など
債務	借入金、損害賠償債務など

ます（図表6）。

ただし、積極財産よりも消極財産のほうが多い場合は、積極財産と消極財産のどちらも受け継がない方法、つまり相続放棄を選択することができます。また、積極財産の範囲内で引き継ぐという条件で相続をする限定承認という方法もあり、遺産がプラスになるかマイナスになるか不明確なときに用いられます。

前述のように、相続においては、被相続人が有していた全ての財産を相続することが原則です。ただし、民法には「被相続人の一身に専属したものは、この限りではない」と規定されており、相続財産の対象外となる財産があることを認めています。

ここで、何が「被相続人の一身に専属した」財産といえるのかが問題になります。その典型例としては、芸術作品を作る債務や、雇用契約上の労務提供債務などがあります。

例えば、画家が依頼者から依頼された作品の制作中に死亡したあと、その子が父（または母）に代わって作品を制作する債務を負うことには無理があり、不合理となるような場合です。

相続財産を把握することの大切さ

相続財産を正確に把握することには大変重要な意味があります。それは、遺産分割にあたって分割方法を決定する前提の数字になるという意味もありますが、税務署へ提出する相続税申告書の正確な数字を算出するという目的もあります。

法人税や所得税は、収入から経費を差し引いた利益に、税率を乗じることで税額を求めます。一方の相続税は、被相続人の遺産である財産の価額（遺産総額）に、税率を乗じることを基本的な計算構造としています。

遺産総額×税率＝相続税

実際に申告を行う場合の計算構造はもう少し複雑で、第1段階では被相続人の遺産を集計し、遺産総額を求めま

次に第2段階で、遺産総額から基礎控除額を差し引いて、いったん財産を法定相続分として相続したと仮定して相続税率を適用し、相続税の総額を求めます。

最後に第3段階で、相続税の総額を各相続人に配分し、税額控除などを加味して、各相続人の納付税額を求めることになります。[5]

したがって、相続税額の計算をするには、どのような財産が相続財産になるのかを正確に把握する必要があります。

相続税の節税のために銀行で借り入れを行い、アパートを建設した——このような話を耳にしたことはないでしょうか。借入金があれば、それは消極財産として他の資産から控除できます。さらに、土地の上に賃貸物件を建築することで、更地のときよりも土地の評価額を下げることができます。

相続税の節税の観点からも、どのような財産が相続の対象になり、それをどう評価するのかを知ることは大変重要です。

「単純承認」「限定承認」「相続放棄」とは

相続は資産をもらえるだけでなく、借金も譲り受けることになります。通常の相続は**単純承認**ですが、明らかに負債が大きいなら**相続放棄**を選択できます。

民法は、「相続人は、自己のために相続の開始があったことを知った時から3カ月以内に、相続について、単純もしくは限定の承認または放棄をしなければならない」と規定しています。

ここで相続人に与えられる選択肢としては、

①単純承認
②限定承認
③相続放棄

の3つが挙げられます。

相続とは本来、被相続人の積極財産（＝資産）および消極財産（＝債務）の全てを相続人が引き継ぐことです。これが単純承認です。

一方、**限定承認**とは、相続財産限りで債務を清算し、なお余剰の資産がある場合に限って相続をするという方法

5　相続税の計算方法に関しては135ページの「相続税の計算方法」で解説します。

です。

これに対し、相続放棄は文字通り一切の遺産を相続しないという方法です。

テレビドラマや小説では、親が莫大（ばくだい）な借金を残して死んでしまったがために……、などという涙を誘うような状況設定がしばしば出てきますが、実務上は相続放棄をすればよいのです。

ただし、気をつけなくてはいけないことがあります。

民法には、相続人が単純承認をするという意思表示をしなくても、以下の3つの場合には、単純承認がなされたものとみなすという規定があります。これを、法定単純承認といいます。

① 相続人が、相続財産の全部または一部を処分した場合

ここでいう処分とは、売却や譲渡といった行為だけではなく、家屋の取り壊しも含みます。預金を勝手に引き出して車を買ったなどという場合は、もちろん単純承認をしたものとみなされます。ただし、葬式費用に相続財産を支出した場合など、信義則上やむを得ない処分行為については「処分」にあたらないとする判例があります。

② 相続人が、熟慮期間内に限定承認も相続放棄もしなかった場合

熟慮期間については、「自己のために相続の開始があったことを知った時から3カ月以内」と民法で定められています。この期間に相続人が限定承認も相続放棄もしなかった場合は、単純承認をしたとみなされます。

③ 相続人が、限定承認または相続放棄をした後に、相続財産の全部または一部を隠匿したり、私にこれを消費したり、悪意でこれを財産目録中に記載しなかった場合

このような行為は、相続債権者などに対する背信的行為といえます。かかる行為をした相続人を保護する必要はないため、単純承認がなされたものとみなされます。

限定承認と相続放棄について、もう少し詳しく触れておきます。

まず限定承認ですが、これは被相続人の残した債務および遺贈を、相続財産の限度で支払うことを条件として、相続を承認する相続形態です。

仮に、被相続人の債務が、相続により相続人が得る資産、すなわち相続財産を超過することが明らかである場合、相続人は相続放棄をすることにより、債務負担を免れることができます。

しかし、被相続人が資産も相当有するが債務も相当負っており、債務が相続財産を超過するかどうかが判然としない場合もあります。

このような場合に、被相続人の債務を相続財産の限度で弁済し、債務を完済してなお相続財産が残っている場合は、これを相続人が相続し、逆に債務が残っている場合は、相続人は当該債務までは負担しない、ということを可能にしたのが限定承認という制度です。

限定承認を行う場合は、熟慮期間内に、被相続人の財産（資産および債務）について財産目録を作成し、これを家庭裁判所に提出して、限定承認をする旨を申し述べる必要があります。さらに、相続人のうちの1人が単独で限定承認を行うことはできず、相続人全員が同意しなければなりません。

このように、いろいろな制約があるため、実際には限定承認はほとんど利用されていません。

次に相続放棄ですが、これは熟慮期間内であれば、相続の効力を確定的に消滅させられる意思表示であり、相続放棄により債務の承継を免れることができます。

相続放棄には条件や期限をつけることができず、相続財産の一部だけを相続放棄することも許されません。熟慮期間内に家庭裁判所に対して放棄の申述をしなければならない点は限定承認と同様ですが、限定承認とは異なり、財産目録の作成は不要です。

相続放棄において注意が必要なのは、「相続の放棄をした者は、その相続に関しては、最初から相続人とならなかったものとみな」される点です（図表7）。

これまでご説明してきたように、相続が開始されると、相続人は単純承認、限定承認、相続放棄という3つの選択肢のうち、いずれかひとつを選択することになります。単純承認以外の方法は、家庭裁判所への申し立ての手続きが必要となるので注意が必要です。

図表8に、単純承認、限定承認、相続放棄の例を示しますので参考にしてください。

図表7　相続放棄者がいる場合の相続分

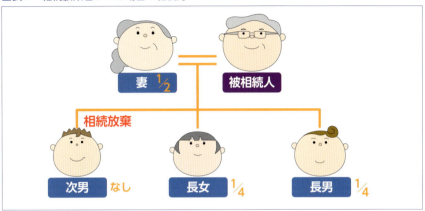

図表8　単純承認、限定承認、相続放棄の例

相続放棄を行うときの注意点

前節で、相続には3つの方法があることをお話ししました。単純承認、限定承認、相続放棄です。全財産がマイナスになりそうなら、相続放棄を選択するのが普通です。

ここでは、その相続放棄について、もう少し詳しく説明します。

相続放棄にあたって大切なことは、財産の正確な把握です。資産のほうが大きいのか、それとも負債のほうが大きいのか。これを正確に把握できなければ、相続放棄をするかどうかの判断がつきません。

亡くなった方が一見、借金がないようであっても、個人事業主の場合は注意が必要です。住宅ローンの場合は団体信用生命保険により借り入れは全額返済されますが、一部を除き、ほとんどの事業性資金はそのまま相続人に引き継がれることになります。

さらに、税金や預かり金、社会保険料などの支払いが残されていたり、他の会社の連帯保証人になっている場合もあります。まずはこれらを正確に把握する必要があります。

そしてもっとも大切なことは、熟慮期間である3カ月以内に、家庭裁判所に対して放棄の申述をしなければならないことです。この期間が経過すると、単純承認をしたものとみなされます。

事実上の相続放棄

相続支援にかかわると、**法律上の相続放棄**と**事実上の相続放棄**を混同されている方がたくさんいらっしゃることを感じます。

事実上の相続放棄とは、次のようなことをいいます。例えば相続人が3人いたとします。そのうちのひとりAが家裁に申述するのではなく、他の相続人BとCに「自分は財産はいらないからBとCだけで分けてほしい」と意思表示をしたとします。これを事実上の相続放棄と呼びます。

事実上の相続放棄が法律上の相続放棄と異なるのは、この場合のAは法的には依然として相続人であって、遺産分割協議に参加しなければならないことです。一方、法律上の相続放棄の場合は、最初から相続人ではないことになるので、遺産分割協議に加わることができません。

「相続放棄をした」という場合でも、それが法律上の相続放棄か、事実上の相続放棄かで遺産分割協議の当事者が変わってくるので注意が必要です。

第1章　相続に関する基本的な知識

図表9　相続放棄と債務の関係。放棄した借金が想定外の親族に巡ってくることも……

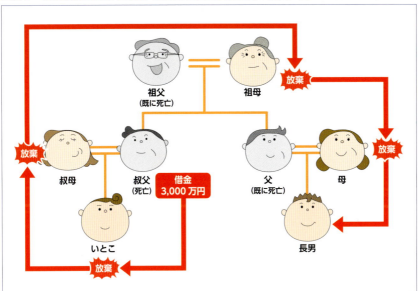

相続放棄は慎重に

最後に、相続放棄にまつわるちょっと怖いエピソードをご紹介しましょう。

ある日、銀行から身に覚えのない催告書が内容証明郵便で送られてきました。「3,000万円の融資金を即刻返済しろ」というとんでもない内容です。そのような銀行との取引はありませんし、全く身に覚えがない借入金でした。

銀行に確認すると、叔父の借入金であることが分かりました。なぜ、このようなことになったのかといいますと、事業を営んでいた叔父が亡くなり、その家族は相続放棄を行い、さらに叔父の母、つまり祖母や、自身の母も放棄したというのです。

皆が相続放棄を行ったことで、巡り巡って、相続の順番が自分のところへきたのです（図表9）。

相続放棄を行う際には、他の親族に迷惑がかかる可能性があることも考えて、意思決定をすることが大切です。

相続した預貯金の名義変更手続き

　銀行や郵便局の口座に預けた預貯金は、金融機関がその口座の名義人が亡くなったことを知った時点で凍結され、払い出しができなくなります。

　相続が開始されると、亡くなった人（被相続人）の財産は、遺言がないかぎり、相続人全員の共有財産となります。このため、相続人のうちのひとりが、勝手に処分することはできません。

　口座の凍結を解除するには、相続人全員による**遺産分割協議**を完了させる必要があります。

　「死亡と同時に口座が凍結される」という話を耳にしますが、それは本当のことです。ただし、金融機関が全ての預貯金者の生死を把握できるわけではありませんので、亡くなった方の預貯金が、相続手続きもされず、何年もそのままになっていることもあります。

　「相続発生と同時に、被相続人の預貯金は相続人の共有財産となり、相続人のひとりが勝手に処分することはできなくなる」。この事情を知っていると、後々、金融機関とのやりとりがスムーズに行えるでしょう。

　金融機関での相続手続きは面倒です。いろいろな書類の提出を求められ、細かい点を聞かれます。それは、相続人

の共有財産を守るためでもあるのです。

　なお、亡くなった預金者に銀行借入がある場合、団体信用保険の手続きや、債務に関する預金者の相続人全員との契約が終了するまでは、口座凍結を解除することができません。

　また、借用書に債務者死亡の場合に期限の利益[1]を喪失する条項があったり、既に返済が滞っている場合には、銀行が被相続人の預金と銀行借入を相殺することもあります。

　最終的に凍結された口座の預貯金は、遺産分割協議書に基づいて各相続人に分配されます。

　ただし、少額の場合や、相続人間のトラブルが発生する可能性が低いと判断される場合は、簡易的な扱いとして、遺産分割協議書がなくとも、相続人全員が承諾することで、代表相続人に払い出してもらえることがあります。

　このほかにも、「預貯金が凍結されて葬儀代も引き出せない」という話を聞くことがあります。しかし実際には、相続人全員の同意のもと、葬儀代に必要な金額を払い出すことがあります。

　なお、これらはあくまでも便宜的な措置ですので、どの金融機関においても、いかなる場合にも、そのような対応をしてもらえるとはかぎりません。

　相続発生の際には、相続人間のトラブルを防ぐためにも、こちらから金融機関に申し出るべきでしょう。その際には、以下のような書類を用意することになります。こうした手続きは、取引の内容や、相続人の状況、遺産分割の予定など、金融機関と認識を共有し、相続手続きをスムーズに行うことにもつながります。

預貯金口座凍結解除に必要な書類

　金融機関によって異なりますが、一般的には次のような書類が必要です。

①被相続人の出生から死亡まで連続した戸籍謄本および除籍謄本
②法定相続人全員の戸籍謄本
③法定相続人全員の印鑑証明書
④金融機関所定の用紙（署名と実印での押印が必要）
⑤通帳およびキャッシュカード

1　期限の利益とは、期限までは借入金を返済しなくてもよいという債務者の権利（利益）のことです。

相続した不動産の名義変更（相続登記）手続き

　亡くなった人の不動産を相続により引き継ぐことになった場合は、相続登記が必要です。相続登記に期限はありませんが、後々のトラブルを未然に防ぐためには、速やかに相続登記を行うことが必要です。

　被相続人が不動産を所有している場合は、相続人に所有権が移転します。相続登記手続きには、大きく次の3つがあります。

> ①法定相続による相続登記
> ②遺産分割による相続登記
> ③遺言による相続登記

　法定相続は相続の基本型で、民法で定められた順序と割合で各相続人が相続をします。遺言があったり、遺産分割協議が行われたりする場合は、法定相続とは異なる相続がなされることがあります。しかし、遺言も遺産分割協議もない場合は、この基本型の法定相続で相続をすることになります。

　一般的には法定相続や遺産分割による相続が多いといえますが、最近は遺言による相続も増えています。

　遺言がある場合でも、遺言とは異なる遺産分割協議を行える場合があります。この場合は、遺産分割による相続登記を行うことになります。

　相続登記は、もちろん被相続人が亡くなった後で行いますが、いつまでに申請しなければならないといった期限はありません。なかには、登記費用がもったいない、面倒だといって、そのままになっているケースもあります。

　相続登記をせずにいると、相続人が亡くなって次の相続が開始されたり、古い戸籍が廃棄処分されたりするなどして、権利関係が複雑になり、必要書類が手に入らなくなるなどの不都合が生じます。また、その不動産を売却しようとする場合には、原則として相続登記が完了していないと、売買契約を結ぶことは困難です。

　なお、相続登記は相続人が法務局で行います。相続人が複数いる場合は、そのうちの1名が、全員の分を申請することも可能です。また、遺産分割協議で、複数いる相続人のうちの1名に相続させると協議した場合は、その不動産を取得する相続人が申請人になります。

　参考までに、相続登記にかかる費用を図表10に、相続登記に必要な書類を図表11に示します。

図表10　相続登記にかかる費用

①登記事項証明書代：1物件につき600円
　要約書にした場合：1物件につき450円
②戸籍、住民票、評価証明書代：数千円
③法務局への交通費または郵送代：数千円
④登録免許税：固定資産評価額の1,000分の4

図表11　相続登記に必要な書類

共通して必要なもの

- 登記申請書
- 被相続人が生まれてから死亡するまでの戸籍謄本（除籍、改製原戸籍、現戸籍）
- 被相続人の住民票の除票（本籍地の記載のあるもの）
- 相続人全員の戸籍謄・抄本
- 不動産を取得する相続人の住民票の写し
- 相続不動産の固定資産税評価証明書
- 相続人の委任状（代理人により申請する場合）
- 相続関係説明図（戸籍謄本、除籍謄本等の原本還付を受けるため）

場合によっては必要になるもの

- 遺言書がある場合は、遺言書
- 遺言執行者の指定がある場合は、遺言執行者の印鑑証明書
- 特別受益者がいる場合は、特別受益証明書及び印鑑証明書
- 相続放棄をした人がいる場合は、相続放棄申述受理証明書
- 遺産分割協議をした場合は、遺産分割協議書及び相続人全員の印鑑証明書
- 調停または審判に基づいて相続登記を申請する場合は、調停調書または審判書（確定証明書付き）の謄本
- 相続欠格者がいる場合は、確定判決の謄本または欠格者自身が作成した証明書・印鑑証明書
- 推定相続人の廃除がなされた場合は、その旨が戸籍に記載されるので、別途書面は必要ない

不動産の根抵当権に注意

　相続税対策のために、銀行からの融資で賃貸建物を建てるケースがあります。その場合には注意が必要です。

　もしも、その建物に根抵当権が設定されているのなら厄介です。根抵当権の債務者が亡くなった場合、その死亡

から6カ月以内に後継債務者（指定債務者）を定める合意の登記をしないときは、根抵当権の元本は相続開始のとき（債務者の死亡時）に確定したものとみなされます。

根抵当権の元本が確定すると、新たな融資を受けることができなくなるなど、銀行との取引上大きなマイナスとなります。

そして、よく混同されるのは、根抵当権の合意の登記には、**死亡から6カ月後まで**という期限があることです。相続税の申告と支払いの期限が10カ月後までですので、この期限の違いについては気をつけなければなりません。

死亡保険金の請求手続き

生命保険の保険金は、相続財産とは別に扱われます。生命保険をうまく利用することで、相続をスムーズに進めることも可能です。

その一方で、相続の対象財産を考える場合に、問題になりやすいのが生命保険であるともいえます。

相続に関係するのは、正確には保険金という現金ではなく、**生命保険金請求権**です。この段階ではまだ保険金を請求できる権利であって、現金化されていないからです。

生命保険金請求権については、例えば受取人として「太郎さん」を指定した場合、同請求権は、保険契約の効力発生と同時に太郎さんの固有財産となり、被保険者の遺産とは別のものとみなされます。したがって、生命保険金は太郎さんのみが得ることになります。

「それがどうしたの？」と、素通りしてしまいそうな話ですが、**相続財産とは別のもの**というところがポイントです。

具体的な事例を挙げて、説明をさせていただきます。

> Aさんには法定相続人である3人の息子B、C、Dがいる。そして、Aさんには3,000万円の銀行預金がある。

事例① もしも、このままAさんが亡くなると、息子B、C、Dはどれだけの遺産を相続するのでしょうか。

答えは簡単ですね。B、C、Dそれぞれが1,000万円ずつAさんの預金を相続することになります（図表12）。

では、ここで生命保険を使ってみましょう。

図表12　Aさんの遺産の相続

Aさんの遺産 3,000万円（預金）		
Bが相続する遺産	Cが相続する遺産	Dが相続する遺産
1,000万円（預金）	1,000万円（預金）	1,000万円（預金）

図表13　Aさんの遺産の相続（生命保険がある場合）

Aさんの遺産 600万円（預金）		
Bが相続する遺産	Cが相続する遺産	Dが相続する遺産
200万円（預金）	200万円（預金）	200万円（預金）
2,400万円（保険金請求権）		

事例②　Aさんの3人の息子のうち、CとDは家を出てしまいましたが、Bは家業を継ぎ、Aさんの老後の面倒も看てくれています。Aさんが病気を患ってからは特に熱心に介護してくれています。そのため、AさんはBに、財産を他の息子よりもたくさん残してやりたいと考えています。

そこでAさんは、銀行預金3,000万円のうち、2,400万円をBが保険金受取人になるような、一時払い終身保険としました。

そうすると、相続により分割されるAさんの遺産は600万円のみで、残りの2,400万円は保険金請求権という形でBのものとなります（図表13）。

こうすることにより、遺言がなくとも法定相続分とは異なる遺産分割が可能になります。

付け加えますと、法定相続で遺産を受け取ることができるのは、法定相続人に限られています。しかし、保険金受取人を法定相続人ではない人にすれば、法定相続人以外の人に財産を残すことも可能です。

例えば、長男の嫁は法定相続人にはなれません[2]。介護などで特別世話になったので財産を残してやりたいと思っても、法定相続分はゼロです。そのようなケースで、保険金請求権を利用する価値があります。

保険金請求権が相続財産とは別に扱われるメリットをもうひとつ紹介しておきます。遺産分割には長い時間と労力がかかります。遺産は相続人全員の

2　長男の嫁を法定相続人にするために、養子縁組をするという手段もありますが、ここではそれは考えません。

図表14　生命保険金や給付金の請求・受け取りのポイント

《ポイント1》生命保険会社に連絡しましょう 保険金・給付金の支払事由に該当した場合、保険証券・「ご契約のしおり・(定款)・約款」などを確認し、すみやかに生命保険会社の担当者、または最寄りの営業所、支社、サービスセンター・コールセンターなどに連絡してください。
《ポイント2》請求から受け取りまでの流れを確認しましょう 保険金・給付金の支払事由に該当した場合、受取人本人が請求する必要があります。あらかじめ、請求から受け取りまでの流れを確認しましょう。
《ポイント3》保険金・給付金の内容や受け取れる場合・受け取れない場合を確認しましょう 保険金・給付金の内容や受け取れる場合または受け取れない場合については、「ご契約のしおり・(定款)・約款」・生命保険会社のホームページ・請求手続きなどに関するガイドブックなどに記載されていますので、確認してください。
《ポイント4》請求もれがないように、しっかり確認しましょう 保険金・給付金の支払事由に該当した場合、契約している内容によっては複数の保険金・給付金が受け取れることがありますので、十分に確認してください。また、契約が複数ある場合は全件確認してください。
《ポイント5》「指定代理請求人」などによる請求ができる場合があります 被保険者が受取人となる保険金・給付金について、受取人(被保険者)が請求できない所定の事情がある場合には、指定代理請求人に関する特約を付加することなどにより、代理人が請求することができます。(代理人に対しては、あらかじめ支払事由および代理請求できる旨、説明しておくことが大切です。)

公益財団法人 生命保険文化センターのウェブサイトより

共有財産となりますので、相続人のひとりが勝手にそれを処分することはできないのです。銀行預金であれば、遺産分割協議書が整うまで、銀行は払い出しに応じません。何千万円もの遺産を受け取る権利がありながら、ただ預金通帳を眺めるだけという期間が何カ月も続くこともあります。それだけならまだよいのですが、お金が必要なのに、どうにもできないこともあります。

生命保険であれば、遺産分割協議とは全く関係なく、受取人が保険金を受け取ることができます。

図表14に、生命保険金や給付金の請求・受け取りのポイントをまとめましたので参考にしてください。

年金関係の諸手続き（遺族年金等）

　厚生年金や共済組合等の加入者が死亡し、かつ個々の支給要件を満たす場合、その遺族には遺族年金が支給されます。

　加入者（被相続人）の死亡によって具体的な財産請求権が発生するという点に注目すれば、遺族年金請求権は相続財産とみなされ、課税されるように見えます。

　しかし、遺族年金はその受給権者や支給規定が法律で個別に定められており、また遺族の生活保障という趣旨で給付される金銭であるため、受給権者固有の権利であると解釈されています。つまり、相続財産とはなりません。

　ただし例外として、相続税等の課税対象になる年金受給権もあります。以下に、具体的な例を2つ紹介します。

事例①　在職中に死亡し、死亡退職となったため、会社の規約等に基づき、会社が運営を委託していた機関から遺族の方などに退職金として支払われる年金があります。この年金は、死亡した人の退職手当金等として、相続税の対象になります。

事例②　保険料負担者、被保険者、年金受取人が同一人の個人年金保険契約で、その年金支払い保証期間内にその人が死亡したために、遺族の方などが残りの期間について年金を受け取る場合があります。この場合、死亡した人から年金受給権を相続または遺贈により取得したものとみなされて、相続税の課税対象になります。

　年金を受ける権利は、受給者が亡くなると失われます。そのため、亡くなってから10日（国民年金は14日）以内に、年金事務所または年金相談センターに死亡の届出（年金受給権者死亡届の提出）をしなければなりません。ただし、日本年金機構に個人番号（マイナンバー）が収録されている人は、原則として死亡届を省略できます。

　届出には、死亡届のほか、死亡の事実を証明する書類（戸籍抄本、死亡診断書等）が必要になります。

　遺族が前述の遺族年金を請求する場合は、年金請求書に必要な書類を添えて、年金事務所または年金相談センターに提出します。

その他財産の名義変更手続き一覧

　預貯金や不動産の名義変更、生命保険金の請求、年金関係の諸手続きについてはこれまでに説明しましたが、ここではその他の財産の名義変更手続きについて触れます。

　遺産分割協議が終了し、相続財産の分配が決まると、その内容に従って遺産分割協議書を作成します。そして、その内容どおりに相続財産の名義を変更していく手続きを進めなければなりません。

　相続財産の名義変更には、いつまでにしなくてはならないという期限はありませんが、名義変更の前に次の相続が起こってしまった場合、手続きが複雑になり、トラブルのもとになります。また、相続した財産を売却する場合、名義人が被相続人のままだと売却できませんので、結果的に名義変更をしなくてはならなくなります。

　そういったトラブルを避けるためにも、遺産分割協議が終了したら、なるべく早めに相続財産の名義を変更すべきです。

株式の名義変更手続き

　株式の名義変更の手続きは、被相続人名義の株式が上場株式か非上場株式かで異なります。

　上場株式は、証券取引所を介して取引が行われています。そのため、証券会社と、相続する株式を発行した株式会社の両方で、手続きをすることになります。

　証券会社は顧客ごとにそれぞれ取引口座を開設していますので、取引口座の名義変更手続きを行います。

　取引口座を相続する相続人は、以下の書類を証券会社に提出し、名義変更をすることになります（ここに挙げたものは一般的な例であり、証券会社や個々の事例により異なることがあります）。

①取引口座引き継ぎの念書（証券会社所定の用紙）
②相続人全員の同意書（証券会社所定の用紙）
③相続人全員の印鑑証明書
④被相続人の出生から亡くなるまでの連続した戸籍謄本（除籍謄本を含む）
⑤相続人全員の戸籍謄本

　証券会社で取引口座の名義変更手続きが終了したら、次に株式を発行した

図表15　相続財産の名義変更

	遺産の種類	手続き先	必要な書類
名義書換手続き	不動産	地方法務局(本支局・出張所)	所有権移転登記申請書、戸籍謄本（相続人）、除籍謄本（被相続人）、住民票（相続人）、固定資産課税台帳謄本、その他書類[※1]
	預貯金	預貯金先	依頼書（銀行などに備付）、除籍謄本（被相続人）、戸籍謄本（相続人）、預貯金通帳、その他書類[※1]
	自動車	地方運輸局の運輸支局等	移転登録申請書、自動車検査証（有効なもの）、自動車検査証記入申請書、戸籍謄本（相続人）、除籍謄本（被相続人）、自動車損害賠償責任保険証明書（呈示のみ）、その他書類[※1]
	特許権/実用新案権/意匠権/商標権	特許庁登録課	移転登録申請書、戸籍謄本（相続人）、除籍謄本（被相続人）、その他書類[※1]
支払い請求手続き	生命保険金	生命保険会社	戸籍謄本（相続人）、除籍謄本（被相続人）、生命保険証、生命保険金請求書、死亡診断書、印鑑証明書（相続人）
	退職金	勤務先	戸籍謄本（相続人）、除籍謄本（被相続人）

[※1] 上記に加えて、遺産分割協議書および相続人全員の印鑑証明書、または遺言書が必要です。

株式会社の株主名簿の名義変更手続きをします。この手続きは、証券会社が代行して手配してくれます。その際、相続人は以下の書類を用意することになります。

> 相続人全員の同意書（名義の書き換えを代行している証券会社所定の用紙）

非上場株式は取引市場がないので、会社によって行う手続きが変わります。発行した株式会社に直接問い合わせる必要があります。

このほかにも、自動車、特許権、生命保険金、退職金など、手続きが必要な財産はあります。

図表15に、おもな相続財産の名義変更についてまとめました。名義の変更に必要な書類は、この図表以外にも存在する場合があります。手続きの際には、あらかじめ手続き先に問い合わせ、確認をしておくとよいでしょう。

第3章 相続税に関する知識

相続が発生すると、相続財産の額によっては相続税を納めることになります。ところで、そもそも相続税は何のためにあるのでしょうか。本章では、相続税の基礎知識や、計算方法などについて解説します。

相続税についての基礎知識

相続税とは何か、なぜそのような税金が存在するのか、あらためて考えてみましょう。

財産が親から子へ移るだけなのに、なぜ税金がかかるのでしょうか。相続税のもつ働きについて、代表的なものを紹介します。

所得税の補完機能

相続税は、被相続人が生前に受けた税制上の特典や、負担の軽減などにより蓄えた財産を、相続開始の時点で清算するという働きをもっています。相続税は、所得税を補完するものであるという見方ができます。

富の集中抑制機能

相続税は、相続により相続人等が得た偶然の富の増加に対し、その一部を税として徴収するという働きをもっています。これにより、相続した者と、しなかった者との間の財産の均衡を図り、併せて富の過度の集中を抑制するという意図があります。

相続税は上記の機能を実現するため、所得税などの他の税金とは異なる、独

第3章　相続税に関する知識

図表16　相続税は富の集中を抑制し、相続人間の税負担の公平性を実現

```
┌─────────────────────────────────────────────┐
│                  相続財産                    │
└─────────────────────────────────────────────┘
        遺言執行・遺産分割  ⬇
┌───────────────┐  ┌──────────┐ ┌────────┐
│   相続人 A    │  │  相続人 B │ │ 相続人C│
│   相続税      │  │  相続税   │ │ 相続税 │
└───────────────┘  └──────────┘ └────────┘
```

特の課税方式を採用しています。

　相続税の額を計算する際は、各相続人が相続した財産に応じて、それぞれ超過累進課税が適用されるため、富の集中を抑制することが期待できます。また、同一の被相続人から財産を取得した人の間で、取得財産額に応じた税負担の公平性が実現される仕組みが用意されています（図表16）。

相続税の計算方法

正味の遺産額

　相続税を計算する場合、まずは課税対象となる遺産の額を求めます。

　被相続人の預貯金や土地・建物などの財産から、借入金等を引いたものが、相続税がかかる可能性のある**正味の遺産額**です。

　なお、正味の遺産額には、被相続人が亡くなったことで相続人が得る生命保険金や死亡退職金等も含まれます。これらには遺族の生活保障という意味合いがあるため、非課税限度額が設定されています[2]。

---

[1] 生命保険は、被保険者、保険料の負担者、保険金の受取人が誰であるかで、所得税や贈与税、相続税など、かかる税金が変わります。被相続人の死亡によって取得した生命保険金で、その保険料の全部または一部を被相続人が負担していたものは、相続税の課税対象になります。

[2] 相続人以外の人が取得した死亡保険金には非課税の適用はありません。

> 生命保険金や死亡退職金の非課税限度額＝500万円×法定相続人の数

生命保険金や死亡退職金は、非課税限度額を超えたぶんが正味の遺産額に加えられます。

相続税の基礎控除額

正味の遺産額を求めたら、次に**基礎控除額**を計算します。正味の遺産額が基礎控除額以下であれば、相続税はかかりません。

相続税の基礎控除額は、次の計算式で求めることができます。

> 基礎控除額＝3,000万円＋600万円×法定相続人の数

例えば、法定相続人が妻と子供3人の場合、基礎控除額は3,000万円＋600万円×4人＝5,400万円になります。正味の遺産額が5,400万円以下の場合は、相続税はかかりません。

逆に、正味の遺産額が基礎控除額を超える場合は、相続税がかかります。ただし、正味の遺産額ではなく、正味の遺産額と基礎控除額の差額に対して相続税がかかります。この差額のことを、**課税遺産総額**と呼びます。

> 課税遺産総額＝正味の遺産額－基礎控除額

相続税の総額の計算

相続税の額は、少し複雑な方法で計算します（図表17）。

まず、課税遺産総額を、法定相続人がいったん法定相続分で分割したと想定します。そして、各法定相続人が法定相続分に応じて得た金額に、図表18の速算表に示した税率を掛けて、各人の相続税額を求めます。算出した各人の相続税額を合計すると、**相続税の総額**になります。

遺言や遺産分割協議等のため、法定相続分とは異なる遺産分割を行う場合は、実際に財産を取得した割合に応じて、相続税の総額を各法定相続人が按分することになります。

このような計算方法を用いているのは、遺産分割の方法によって税額が変動すると、それを利用した不当な遺産分割協議が行われる可能性があるからです。

これを防ぐために、遺産を各相続人が法定相続分通りに分割したものと考えて、相続税の総額を計算するのです。

図表17　相続税の計算の流れ

図表18　相続税の速算表（平成27年1月1日以後の場合）

法定相続分に応ずる取得金額	税率	控除額
1,000万円以下	10%	―
3,000万円以下	15%	50万円
5,000万円以下	20%	200万円
1億円以下	30%	700万円
2億円以下	40%	1,700万円
3億円以下	45%	2,700万円
6億円以下	50%	4,200万円
6億円超	55%	7,200万円

※ 平成26年12月31日以前に相続が開始された場合の相続税の税率は上記とは異なります。

相続税を計算してみよう

以下の計算例をもとに、相続税の概算をしてみましょう。

> **計算例** 相続人が配偶者と子2人、相続財産が8,000万円の場合を例に、相続税の概算をします。

①相続財産の合計から基礎控除額を引く

8,000万円－(3,000万円＋600万円×3名)＝3,200万円

②各人の法定相続分の取得額を算出

3,200万円×1/2＝1,600万円(配偶者分)
3,200万円×1/4＝800万円(子の分)
3,200万円×1/4＝800万円(子の分)
※いったん財産総額を法定相続分で取得したと仮定して計算します。

③相続税額を計算

配偶者分：1,600万円×15％－50万円＝190万円
子の分：800万円×10％＝80万円
子の分：800万円×10％＝80万円
合計：350万円

④各相続人の取得額によって按分

(例えば配偶者1/2、長男1/2、次男なしで相続した場合)
配偶者：350万円×1/2＝175万円
　配偶者特例　▲175万円→0円
長男：350万円×1/2＝**175万円**
次男：350万円×0＝**0円**

参考までに、相続税の概算をまとめた納税早見表を図表19～21に示します。

図表19　納税早見表(相続人が配偶者と子2人の場合)

相続財産	相続税額
5,000万円	10万円
6,000万円	60万円
7,000万円	112.5万円
8,000万円	175万円
9,000万円	240万円
1億円	315万円
1億5,000万円	747.5万円
2億円	1,350万円
2億5,000万円	1,985万円
3億円	2,860万円
3億5,000万円	3,735万円
4億円	4,610万円
4億5,000万円	5,492.5万円
5億円	6,555万円
6億円	8,680万円
7億円	1億870万円
8億円	1億3,120万円
9億円	1億5,435万円
10億円	1億7,810万円

第3章 相続税に関する知識

図表20 納税早見表（子2人の場合）

相続財産	相続税額
5,000万円	80万円
6,000万円	180万円
7,000万円	320万円
8,000万円	470万円
9,000万円	620万円
1億円	770万円
1億5,000万円	1,840万円
2億円	3,340万円
2億5,000万円	4,920万円
3億円	6,920万円
3億5,000万円	8,920万円
4億円	1億920万円
4億5,000万円	1億2,960万円
5億円	1億5,210万円
6億円	1億9,710万円
7億円	2億4,500万円
8億円	2億9,500万円
9億円	3億4,500万円
10億円	3億9,500万円
15億円	6億5,790万円
20億円	9億3,290万円
25億円	12億790万円
30億円	14億8,290万円

図表21 納税早見表（子1人の場合）

相続財産	相続税額
5,000万円	160万円
6,000万円	310万円
7,000万円	480万円
8,000万円	680万円
9,000万円	920万円
1億円	1,220万円
1億5,000万円	2,860万円
2億円	4,860万円
2億5,000万円	6,930万円
3億円	9,180万円
3億5,000万円	1億1,500万円
4億円	1億4,000万円
4億5,000万円	1億6,500万円
5億円	1億9,000万円
6億円	2億4,000万円
7億円	2億9,320万円
8億円	3億4,820万円
9億円	4億320万円
10億円	4億5,820万円
15億円	7億3,320万円
20億円	10億820万円
25億円	12億8,320万円
30億円	15億5,820万円

※図表19～21の早見表には、法定相続分で各相続人が取得したと仮定した場合の相続税額の合計額を記載しています。配偶者がいる場合は、配偶者の税額軽減を法定相続分まで適用しています。

相続税の大まかな額を知っておくと、今後の方針が立てやすくなりますよ！

税務署から突然届く「相続税についてのお尋ね」

相続が発生してから半年ほど経ったころ、税務署から突然、「相続税についてのお尋ね」という質問状が入った封書が送られてくることがあります。このような封書がなぜ送られてくるのかについて解説します。

税務署は事前に情報をつかんでいる!?

相続発生後に、税務署から送付されてくる「お尋ね」の封筒は、全ての家に送付されるものではありません。相続税が発生しそうな家をあらかじめ選定して送付されます。では、なぜ税務署はそのようなことが分かるのでしょうか？

税務署はいつ誰が亡くなったのかを全て知っている

人（被相続人）が亡くなると、最初の手続きとして、市区町村役場に死亡届（図表22）を提出します。

死亡届を受け取った市区町村役場は、その情報を管轄の税務署に報告しています。そのため、死亡届の提出とともに、相続発生の事実を税務署が知ることになります。

不動産所有者や高額納税者は要注意

相続発生の事実が税務署に通知されると、税務署では亡くなった人の財産が相続税の課税対象になる可能性があ

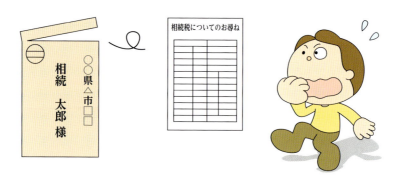

るかどうかを調べます。

　ほとんどのケースでは、過去の所得税の確定申告書で判断されます。収益不動産を保有していれば、毎年、不動産所得の確定申告をしています。会社からたくさん給料をもらっていた人も、源泉徴収票等で確認されます。

　たくさん税金を納めていたということは、それだけたくさん稼いで財産を蓄積しているのではないかと見られてしまいます。

納税額が少なくても油断は禁物

　それでは、稼ぎが多くなく、不動産は自宅だけで賃貸物件も所有していないという人は、相続税申告をしなくてもよいのでしょうか？

　「お尋ね」は、前述のような方法で、選定された人に送付されてきます。実際のところは、相続税申告が必要な財産を所有していても、税務署から通知が来ないことも多々あります。

　しかしそのような場合でも、相続税の基礎控除を超える財産を保有していれば、相続開始から10カ月以内にきちんと相続税申告を行うことが必要です。

　税務署から通知が来ないのであれば、申告しなくてもバレないのではないかと思う方がいらっしゃるかもしれません。しかし、ほとんどのケースでは税

図表22　死亡届の例

出所：法務省ウェブサイト

務署にバレてしまいます。

　例えば、自宅の名義変更のために相続登記を行った場合は、相続登記の情報が法務局から税務署へ通知される仕組みになっているため、自宅を相続した事実が税務署に知られてしまいます。

　無申告の状態で相続開始から10カ月が経過した後で、税務署から指摘されて相続税申告を行うと、延滞税や無申告加算税、重加算税、場合によっては罰金等の重いペナルティーを受けてしまうため注意が必要です。

税務署はなぜ「お尋ね」を送るのか

　さて、そもそも税務署はなぜ「お尋ね」を送っているのか、その事情を見てみましょう。

　最近、「税務署が相続税の申告漏れに対する税務調査を強化している」という話をよく耳にします。また、相続税の申告漏れと併せて、今後は海外財

図表23　国外財産調書の記入例

国外財産を有する者	住所 又は事業所、事務所、居所など	東京都千代田区霞が関3-1-1				
	氏　名	国税　太郎　　　　　　（電話）3581-XXXX				

国外財産の区分	種類	用途	所　在	数量	価　額	備考
預貯金	定期預金	一般用	アメリカ△△州○○市XX通り123 （○○銀行△△支店）		12,000,000	
有価証券	株式 （○○Inc.）	一般用	アメリカ△△州○○市XX通り321 （○○XXX Inc.）	10,000	3,300,000	

| 合　計　額 | | | | | 70,000,000 | |

（摘要）

産に対する調査が強化されるとも予想されています。

税務署は、相続が発生した人に「お尋ね」を送付し、相続の内容、収入金額の内訳について調査を行っています。そのような調査が行われる背景には、税務署のマンパワーの問題があります。

税務署は限られた人員で、相続税の税務調査だけでなく、さまざまな申告漏れの事案を調査・選定しなければなりません。

そこで相続が起きると、まずは「お尋ね」を送ることで、大きく網をかけるのです。そのようにして網をかけた対象のなかから、申告漏れが見つかりやすいところに対し、税務署は重点的に調査を行います。

申告漏れが見つかりやすいところ、それがずばり**相続**と**海外財産**なのです。

税務署は海外財産の調査を強化

とりわけ最近の特徴として、海外財産に対する調査が強化されています。これは、平成24年度税制改正により、国外財産調書制度が創設されたことと関係があります。

この制度により、その年の12月31日の時点で価額の合計額が5,000万円を超える海外財産を有する人は、財産の種類、数量および価額などの必要な事項を記載した国外財産調書（図表23）を、翌年の3月15日までに税務署に提出しなければなりません。

海外への送金については、マネーロ

ンダリング（資金洗浄）やテロ防止という観点から、金融機関から当局へ、かなり詳細な報告がなされています。

現行ルールでは、100万円を超える海外送金があった場合には、金融機関から税務署に国外送金等調書が提出されます。したがって、税務署は海外への資産移転に関して、かなり正確な情報を把握していると想像できます。

海外投資に積極的な人も増えていますので、海外財産の把握については、税務署としても確実に押さえておきたいという思惑があるのです。

「お尋ね」の対象は拡大傾向

こうした海外投資が身近になるにつれ、「お尋ね」の送り先も、一部の富裕層からサラリーマン、主婦へと広がっています。

今後は国外財産調書に基づく「お尋ね」や税務調査が本格化すると予想されます。

「お尋ね」への回答を提出しなかった場合や、国外送金等調書によって税務署が把握している海外預金口座の記載が国外財産調書になかった場合など、疑義があるケースでは税務調査に発展する可能性が高いと考えられます。

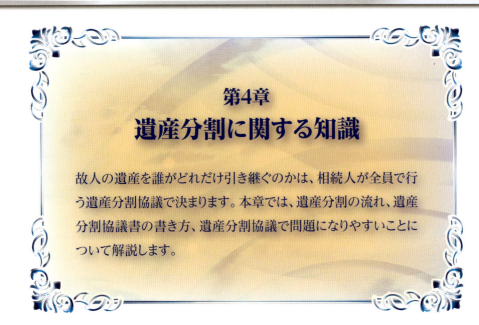

遺産分割の流れと遺産分割協議書

　人が亡くなると相続が発生し、残された相続人は図表24のような流れで**遺産分割**を行うことになります。

　遺産分割の流れは遺言の有無によって変わり、遺言がない場合は相続人間で**遺産分割協議**を行います。遺言があればそれを執行することになりますが、その場合でも、遺留分[1]を考慮するために遺産分割協議を行うことができます。そして、そこで決まった内容に基づき、**遺産分割協議書**を作成します。

　遺産分割協議書は、専門家の手を経ずとも、相続人が自分たちで作成できます。

　なお、相続人全員の合意があれば、指定相続分や法定相続分とは異なる分割をすることも可能です。たとえ遺言があっても、相続人全員が遺言の存在を知り、その内容を正確に理解したうえで遺言の内容とは異なる遺産分割協議書を作成すれば、その内容は有効です。

　なお、不動産がある場合には、遺産分割協議書は必ず作成しなければなりません。これは、相続をした不動産の

1　遺留分については161ページの「基礎知識：遺留分とは」を参照。

図表24 遺産分割のフローチャート

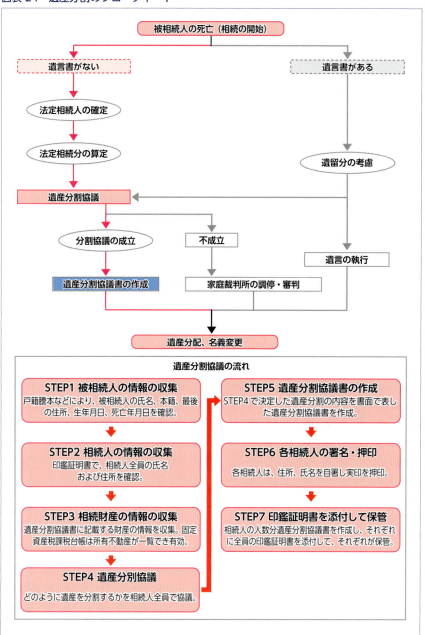

名義を変える際に、法務局へ提出する必須書類だからです。銀行や証券会社の手続きの際にも、遺産分割協議書があれば、解約などの手続きがスムーズに行えます。

遺産分割協議書の作成

遺産分割協議書は、遺言とは異なり、要件を満たさなければ無効となるものではありません。その一方で、相続人全員が納得し、遺産の分割が終了したことを示す書類でもあります。また、この書類は預貯金の分配や、債務の引き受けを行うにあたり、金融機関にも提出することになります。

遺産分割協議書の作成の目的は、不動産や預貯金の名義変更、相続税の申告書への添付などのためだけではありません。相続人間における分割内容の合意・確認や、法的に分割が終了したことを明確にするといった意味合いもあり、とても重要な書類です。

遺産分割協議書作成の留意点

遺産分割協議書の作成にあたっては、いくつかの留意点があります。

- 遺産分割協議は、相続人全員で行います。認知症の人や未成年者など、遺産分割協議に参加できない人がいる場合は、成年後見人や特別代理人が必要になるケースもあります。なお、遺産分割協議書に押印する印鑑は、全て実印です。
- 財産・債務は、漏れなく記載することが必要です。なお、生命保険金や死亡保険金に関しては、遺産分割協議の対象ではないため記載しません。
- もしも遺産分割協議後に見つかった財産や債務があれば、その財産・債務について再度遺産分割協議が必要になります。なお、遺産分割協議後に判明した財産・債務についての取り扱いを、遺産分割協議書にあらかじめ定めておくことも可能です。
- 遺産分割協議書は、複数回にわたって、日を変えて作成しても有効です。
- 遺産分割協議のやり直しは、法的には有効ですが、課税上は当初の分割内容で確定します。そのため、やり直しによる相続人間の財産の移転については、贈与として認定されます。

第4章　遺産分割に関する知識

　預貯金の相続や、借入金の債務引き受けにあたっては、遺産分割協議書を金融機関に提出することになります。

　金融機関では、基本的に遺産分割協議書に基づいて預貯金の分割を行います。ただし、少額の場合は特例扱いで、代表相続人に一括して相続預貯金を渡すこともあります。

　金融機関が債権を有している場合でなければ、遺産分割の内容について特に問題になることはありません。その一方で、借入金がある場合は注意が必要です。特に事業資金については、事業の継承者が債務を引き継ぐのが合理的でしょう。事前に金融機関と相談するのが賢明です。

　また、金融機関では実印の押印と印鑑証明が重要視されます。なぜなら、遺産分割協議書に署名押印した人全員を一堂に集めて意思確認を行うことは困難だからです。

　その書類が本人の真意に基づいて作成されたものかどうかが民事訴訟で争いになった場合に、民事訴訟法上、実印による押印があった場合は本人の意思に基づいていると認められるという背景があります。

　遺産分割協議書に最も神経質になっているのは金融機関です。誤った遺産分割を行えば、他の相続人に不利になってしまうからです。そこで、金融機関が遺産分割協議書のどの部分に注目しているのかを紹介します。

金融機関は遺産分割協議書のどこを見るのか

被相続人に関する記載

　戸籍全部事項証明書、戸籍謄本、除籍謄本で、法定相続人が誰かを確定する作業を行います。

遺産分割協議に参加する必要がある者に関する記載

　相続人全員が原則ですが、相続放棄をした相続人がいないか、相続欠格者や廃除者はいないかを確認します。

遺産分割協議の内容

　法定相続分や遺言の内容とは異なる遺産分割協議書が提出されたとしても、遺産分割協議書の内容に沿って手続きがなされます。

遺産分割協議書の作成日

　未成年者本人が遺産分割協議書に署名、押印していないかを確認するために重要な意味を持ちます。

相続人の署名、押印欄

　遺産分割協議に参加すべき者が全員参加しているか、未成年者など本人に代わって代理人が参加しなければならない者がいないか、各参加者の住所が印鑑証明書上の住所になっているか、各参加者の押

図表25　自分でも書ける！　遺産分割協議書

　　　　　　　遺産分割協議書

最後の本籍　　　東京都○○区○○○番○号
最後の住所　　　東京都○○区○○○番○号

被相続人○○○○（平成○年○月○日死亡）の遺産については、同人の相続人全員において、分割協議を行った結果、各相続人がそれぞれ次の通り、遺産を分割し、債務・葬式費用を負担することに決定した。

１．相続人○○○○は次の遺産を取得する。
（１）土地
所在　　　東京都○○区○○○番
地番　　　○○番○
地目　　　宅地
地積　　　○○○.○○㎡

（２）建物
所在　　　東京都○○区○○○番
家屋番号　○○番○
種類　　　木造
構造　　　瓦葺2階建
床面積　　1階　○○.○○㎡　　2階　○○.○○㎡

２．相続人○○○○は次の遺産を取得する。
（１）預貯金
①○○銀行○支店　　普通預金　　口座番号0000000
②○○銀行○支店　　定期預金　　口座番号0000000

上記の通り相続人全員による遺産分割の協議が成立したので、これを証するために本書を作成し、以下に各自署名押印する。なお、本協議書に記載なき遺産・債務並びに後日判明した遺産・債務は、相続人全員で別途協議して決めるものとする。

平成○年○月○日

住所　東京都○○区○○○番○号
氏名　○○○○　　実印

住所　東京都○○区○○○番○号
氏名　○○○○　　実印

ポイント①
遺産分割協議書は、相続人の自署でなくても、ワープロソフトの印字や代筆でも可能です。

ポイント②
「最後の本籍」は除籍謄本に、「最後の住所」は住民票の除票に記載があります。

ポイント③
不動産については、登記簿謄本を参考にして正確に記載しましょう。

ポイント④
その他、預貯金などについては、その財産や金額が特定できるように記載しましょう。

ポイント⑤
後々のトラブルを避けるため、各相続人は自署で署名を行い、実印で押印をしましょう。

印が実印かを確認します。

なお、遺産分割協議書は前述の通り、専門家に頼らなくても相続人が自分たちで書くことが可能です。図表25に、遺産分割協議書の記載例と、書くときのポイントをまとめておきますので参考にしてください。

遺産分割協議書は訂正できるのか

遺産分割協議書の作成にあたり、問題になりそうなことに触れておきます。

> **事例** 遺産分割協議書の一部が訂正されている場合、遺産分割協議が有効に成立したといえるのか。

遺産分割協議書は、遺産分割協議における当事者間の合意を書面化したものですから、訂正内容が当事者の意思を反映したものであれば、遺産分割協議は訂正後の内容に従って有効に成立したものと考えられます。

なお、訂正のなされた遺産分割協議書を金融機関などに提示する際には、訂正の内容が遺産分割協議に参加した相続人全員の意思を反映するものであることを確認するため、当該訂正箇所につき相続人全員の訂正印の押印を求められるのが一般的です。

被相続人から生前に受けた資金援助は相続の際にどう扱われるのか

事例 生前に親から婚姻費用などの資金援助を受けていた場合、相続にどのような影響があるのか。

遺産分割においては、相続人全員が納得のもと遺産分割協議書を作成し、それに基づいて遺産を分けることになっています。しかし、すべての相続人が公平だと感じる遺産分割を実現するのはとても難しいことです。

相続人のなかには、被相続人の生前に援助を受けていた人もいるでしょう。その援助の内容も、人によってさまざまでしょう。そのようなことを無視し、法定相続分で一律に遺産分割を行えば、不満を持つ相続人が出てくるのは当然のことです。

そのため、民法には**特別受益者の相続分**と呼ばれる以下のような規定があります。

> **民法第903条** 共同相続人中に、被相続人から、遺贈を受け、又は婚姻若しくは養子縁組のため若しくは生計の資本として贈与を受けた者があるときは、被相続人が相続開始の時において有した財産の価額にその贈与の価額を加えたものを相続財産とみなし、前三条の規定により算定した相続分の中からその遺贈又は贈与の価額を控除した残額をもってその者の相続分とする。
>
> 2 遺贈又は贈与の価額が、相続分の価額に等しく、又はこれを超えるときは、受遺者又は受贈者は、その相続分を受けることができない。
>
> 3 被相続人が前二項の規定と異なった意思を表示したときは、その意思表示は、遺留分に関する規定に違反しない範囲内で、その効力を有する。

被相続人から生前に資金援助や結婚資金の贈与などを受けた相続人がいる場合、そのような相続人を**特別受益者**と呼びます。どのような贈与が**特別受益**になるのかは、贈与の価額、被相続人の資産、相続人の生活実態などから判断されます。

相続が発生すると、特別受益は特別受益者個人のものではなく、相続人全員の相続財産の一部と見なされます。各相続人の相続分は、相続財産に特別

受益の価額を含めたうえで算定します。

このため特別受益者は、自分の相続分が特別受益の価額を上回らないと、相続の際に新たな財産を取得できません。

生前に婚姻費用をもらっていたら

特別受益者の相続分の具体例として、以下のケースを考えてみてください。

被相続人が相続開始時に1,000万円相当の財産を持っていたとします。

相続人A、BおよびCのうち、Aのみが生前に婚姻費用として200万円の贈与を受けていると、Aの受けた婚姻費用は特別受益とみなされ、各相続人の相続分を算定する際の基礎となる相続財産に含めて考えられます。

この場合、相続財産は1,200万円とみなされ、各人の相続分は3分の1である400万円ずつとなります。このうち、Aは既に特別受益として200万円を取得しているため、Aが自分の相続分として新たに取得できる財産額は200万円になります。これに対し、BおよびCは、それぞれ400万円ずつを取得することになります。

完全な平等は難しい……

何が特別受益になるのかでもめやすい親の援助としては、結婚資金、学費、親との同居（家賃）、家の購入費、留学支援などが挙げられます。こうした援助も含めて完全に平等な相続を実現するのは簡単ではありません。相続の専門家による仲介や、相続人間の丁寧な話し合いが重要になります。

親の面倒をみることは相続で考慮してもらえるのか

相続は金銭勘定だけの問題ではなく、感情の問題でもあります。被相続人の生前に、その財産の維持または増加に特別の貢献をした人には**寄与分**が認められています。ただし、法定相続人でなければ認められず、どれだけの金額が認められるかも法定相続人の合意で決まります。

こんな例を想像してみてください。

> **事例** 大病を患った父が5年間の闘病の末亡くなった。長男は既に家を出ていて、実家で両親と暮らしていたのは次男夫婦だった。次男の妻は義父によく尽くした。義父の病状が悪くなってからは、仕事を辞めて介護に専念した。次男も家に手すりを付けてバリアフリーにしたり、病院までのタクシー代を支払ったりするなど、金銭的にも多大な負担をしてきた。

そのような事情があるにもかかわらず、実家を出て東京に住んでいた長男夫婦が現れ、「お父さんの遺産は法定相続分通りに分割しよう」と言い出したら、次男にしてみればたまったものではありません。

いくら故人に尽くしても相続できない

客観的に見れば、次男の妻はその貢献にふさわしいだけの遺産を受け取って当然です。しかし、どれだけ献身的に面倒を見たとしても、相続の観点からいえば、次男の妻はあくまでも第三者であって、法定相続人ではありません。次男の妻には1円も入りません。

民法では、亡くなった人の事業を手伝うほか、病気の看護をするなど、亡くなった人の財産を増やしたり、維持したりすることに特別な貢献をした相続人には、貢献度合いに応じて多めに財産をもらうことが認められています。それが寄与分です。

寄与分が認められれば、その人はまず相続財産からその寄与分を確保でき、残りを相続人が分けるという手順で遺産が分割されることになります。

厄介なのは事例のように、子の配偶者(嫁や婿)が親の介護をしているケースです。寄与分が認められるのは法定相続人だけです。子の配偶者がいくら献身的に介護をしても、法律上は相続人ではないため、寄与分を認められず財産を相続することができません(図表26)。

図表26　たとえ被相続人の介護をしていても、「第三者」であれば相続できない

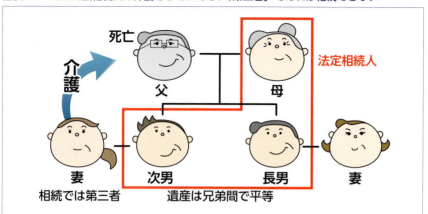

寄与分の求め方

　寄与分の存在や金額は、相続人間の遺産分割協議によって決められますが、相続人間で話し合いがつかない場合は、特別の寄与をした人が家庭裁判所に審判を求めることができます。
　家庭裁判所は、寄与の時期、方法、程度、遺産の額などを考慮して、寄与分を決めます。
　なお、寄与分の金額については、相続開始時の財産の価額から、遺言により遺贈された価額を差し引いた額を超えることはできません。

寄与分が認められるケース

①自分の「私財」を提供して被相続人の面倒をみていた。
②無報酬で、被相続人の事業に従事していた。
③相続財産の維持・増加に寄与した。

　なお、寄与分が認められるためには、通常の家族間の相互扶助の域を超えた特別な貢献でなければなりません。単に一緒に生活していただけでは認められません。

寄与分のトラブルを避けるには

　寄与分に関わるトラブルを避けるには、どうすればよいのでしょうか。
　こうした場合、遺言書に記載することで、介護に尽くした人に特別に財産を残すことができます。これを遺贈といいます。
　遺言は、寄与分に関わるトラブルを防ぐ有効な手法のひとつです。

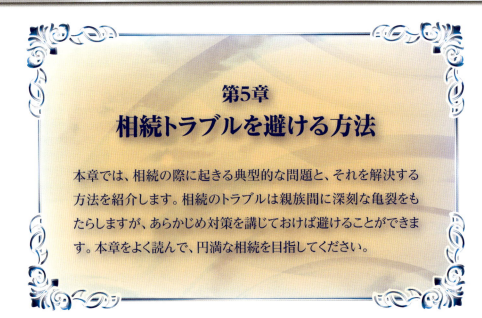

第5章
相続トラブルを避ける方法

本章では、相続の際に起きる典型的な問題と、それを解決する方法を紹介します。相続のトラブルは親族間に深刻な亀裂をもたらしますが、あらかじめ対策を講じておけば避けることができます。本章をよく読んで、円満な相続を目指してください。

事例① 面倒をみてくれた長女とお騒がせな次女

中川さんの悩み

中川一郎さん（73歳）には2人の子供がいますが、2人とも社会人になり、それぞれ実家を離れて暮らしていました。

しかし、昨年から中川さんが体調を崩したこともあり、長女夫婦と同居を始めました。これからも長女には世話になることが予想されるので、中川さんは自分の財産を長女にできるだけ多く相続させてあげたいと考えています。

一方、中川さんの次女は昔から金遣いが荒く、定職に就かず、金銭の要求をしてくることもあります。そのことも、中川さんが次女ではなく長女に財産を相続させたいと考えている理由です。

遺言を書いて争族を防ぐ

中川さんは、次女の遺留分[1]に配慮しながら、長女にできるだけ多くの財

---

[1] 遺留分とは、法律上認められた相続人の最低限の権利のこと。遺留分を得る権利は遺言でも侵害できない。詳しくは161ページの「基礎知識：遺留分とは」を参照。

図表27　遺言には財産の分け方だけでなく、家族への思いも書いておく

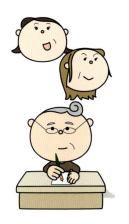

付言事項の例

　私はすばらしい家族に恵まれて、後悔のない人生を過ごすことができました。本当にありがとう。

　長女の○○には、私が体調を崩してから同居をしてもらい、面倒をみてくれて、感謝の気持ちでいっぱいです。次女の●●も分かっているとは思いますが、献身的に私の介護をしてくれた長女に、自宅とその他の財産を多めに渡してあげたいと考え、筆を執りました。

　私が死んだあとも、姉妹仲よく幸せな家庭を築いていってください。

産を遺してあげる内容の遺言を作成しました。また遺言の最後に、家族が相続後も仲良くしてくれるように、**付言事項**として、自分の思いを綴りました（図表27）。

遺言がある場合とない場合

　遺言がない場合、相続が起きると民法で定められた法定相続分を基準に、相続人全員で話し合い（遺産分割協議）を行い、遺産の相続方法を決めます。逆に遺言がある場合は、相続人全員の同意がないかぎり、遺言どおりの相続となります。民法は財産を遺す側の意思を尊重し、遺言を最優先させています（156ページの図表28）。

自筆証書遺言と公正証書遺言

　遺言には大きく分けて、**自筆証書遺言**と**公正証書遺言**の2つがあります。自筆証書遺言は、財産を残したい人が自分で簡単に作成できる反面、形式に不備があると無効になってしまったり、きちんと保管されず、死後に見つからなかったりするリスクがあります。

　一方の公正証書遺言は、公証役場で公証人に作成してもらう遺言です。作成に費用がかかりますが、法的に確実に有効な遺言が作成できますし、公証役場に保管されるので安全です。こうしたことから、相続の専門家は公正証書遺言の作成を勧めています。

図表28　遺言の有無と相続の流れ

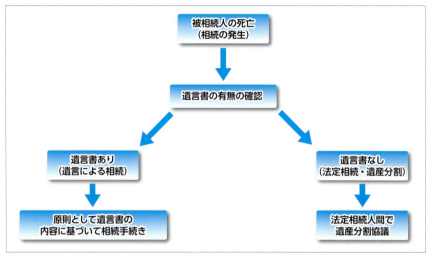

図表29　自筆証書遺言と公正証書遺言

	自筆証書遺言	公正証書遺言
作成方法	・本人が全文自筆で作成。ワープロソフト作成によるものは無効 ・日付、氏名、押印（認印も可）が必要	・本人の希望をもとに、公証人が作成し、最終的に本人、証人、公証人が署名・押印する
作成場所	・どこでも可能	・公証役場（公証人に出張を依頼し、自宅や病院で作ってもらうことも可能）
保管場所	・本人が自宅の金庫などに保管 ・弁護士などの士業や、信頼できる人に保管を依頼してもよい	・原本を公証役場で保管 ・正本を本人が保管
メリット	・作成費用がかからない ・手軽に作成できる	・改ざんや紛失の恐れがない ・法的に有効な遺言を残せる ・家庭裁判所の検認が不要 ・遺言の存在を明確にできる
デメリット	・改ざん、紛失の恐れがある ・形式に不備があると法的に無効になってしまう可能性がある ・相続開始後に家庭裁判所で検認が必要 ・死後、発見されない可能性がある	・作成に費用がかかる ・手続きが自筆証書遺言と比べると煩雑

図表30　自筆証書遺言作成の注意点

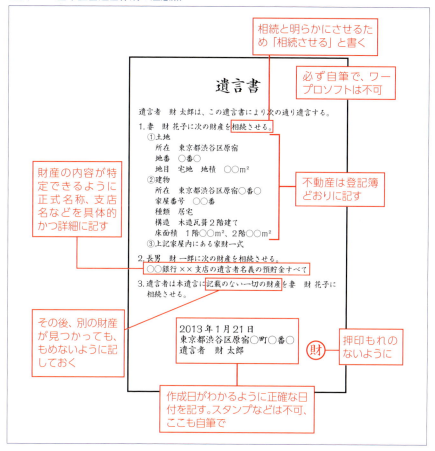

図表29に、自筆証書遺言と公正証書遺言の相違点をまとめておきますので参考にしてください。

公正証書遺言の作成のために公証役場に払う費用は、遺言に書く遺産の価額が500万1円～1,000万円なら1万7,000円、5,000万1円～1億円なら4万3,000円、10億1円以上であれば24万9,000円です（以降、5,000万円増えるごとに8,000円ずつ加算）。

基礎知識：自筆証書遺言作成の注意点

自筆証書遺言は、費用もかからず手軽に作れますが、きちんと法定要件を備えていないと、後で無効になってしまうため注意が必要です。図表30に、自筆証書遺言を作成するにあたり、注意すべき点をまとめておきます。

遺言書を書いたほうがよい人

遺言は円満な相続を実現させる有効な手法ですが、なかでも以下のような場合は、特に効果を発揮します。

①子がいない夫婦
②特定の相続人により多くの財産を相続させたい
③家業を継いでいる子に事業を全て任せたい
④相続財産に不動産がある
⑤お嫁さんやお孫さんなど、相続人以外に財産を分けてあげたい
⑥離婚経験があり、前妻や後妻に子がいる
⑦事実婚（内縁）である
⑧法定相続人がいない
⑨財産の一部を寄付したい
⑩葬儀や埋葬の方法に希望がある
⑪ペットの世話を引き継いでもらいたい

事例② めぼしい財産が自宅しかない

健一さんの悩み

安藤健一さん（長男・52歳）は、3カ月前に母親が亡くなり、兄弟3人で相続手続きの最中です。

父親は既に亡くなっており、母親が遺してくれた財産は自宅の土地建物と、わずかな預貯金でした。長男である健一さんは母親の世話や介護を長年にわたってしてきましたので、自宅は問題なく弟たちが譲ってくれるものと考えていました。

しかし、実家にはろくに顔を出さず、ギャンブルで借金を作り、親に迷惑をかけていた次男がいました。次男は母親の相続後、突然実家に現れ、自分の法定相続分を主張してきました。

自宅は母親と同居していた健一さんが住んでおり、今後も自分の子供たちに相続させ、引き継いでいきたいと考えています。しかし次男は、売却ができないならそのぶんを金銭で渡せと激しく要求しています。

財産の分け方を工夫して争族を防ぐ

そんな健一さんのために、母親は健一さんを受取人とする生命保険に加入していました。健一さんと同居を始めたころから、将来の相続のためにと少しずつ生命保険料を支払ってくれていたのです。この生命保険のおかげで、健一さんは自宅を相続する代償として、生命保険金を他の相続人へ分配することができ、もめずにすんだのです。

図表31　現物分割

図表32　代償分割

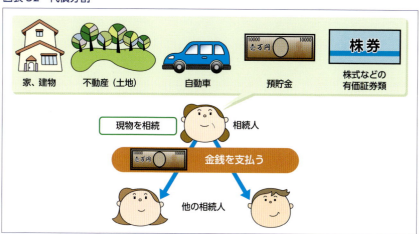

基礎知識：遺産分割の方法

遺産分割の方法は、**現物分割**、**代償分割**、**換価分割**の3つに大別されます。

①現物分割

最も多く行われているスタンダードな方法です。遺産を各相続人がそのまま相続します（図表31）。

②代償分割

相続財産の大半が不動産で、現物をそのまま分割することが難しい場合などに、不動産などの財産を受け取った相続人が、その代わりに金銭を他の相続人に支払う方法です（図表32）。

③換価分割

相続する不動産が空き家で使用す

図表33 換価分割

る予定がない場合などに、財産を売却し、換金してから分割する方法です（図表33）。

換価分割は、財産の大半が不動産の方や、不動産を共有にしたくない方に向いています。

事例③ 1円でも多くの財産を世話になった長女に相続させたい

鈴木さんの悩み

鈴木裕一さん（68歳）には2人の子供がおり、妻はすでに他界しています。長男は事業に失敗して大きな借金を作り、鈴木さんにたびたびその工面を求めてきました。一方、近所に住む長女は、親孝行を長年にわたって続けてきました。

鈴木さんとしては、できるだけ多くの財産を長女へ相続させてあげたいと考えています。しかし、遺言を作成しても、遺留分によって長男には1/4の財産を主張する権利が依然として残ってしまいます。

できるだけ多くの財産を長女に残してあげたい鈴木さんに、何かよい方法はないのでしょうか。

第5章 相続トラブルを避ける方法

図表34　生命保険を活用した相続

○生命保険に加入せず、遺言で長女に財産をすべて相続させる場合

	長男	長女
遺言	なし	2,250万円
遺留分	750万円	なし
合計	750万円	2,250万円

○2,000万円の生命保険に加入し、遺言で長女に残りの財産をすべて相続させた場合

	長男	長女
遺言	なし	750万円
遺留分	250万円	なし
生命保険	なし	2,000万円
合計	250万円	2,750万円

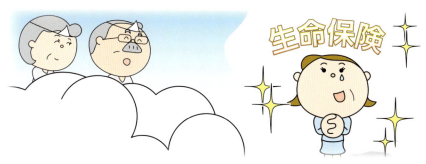

生命保険の特性を生かした相続

　鈴木さんは全財産3,000万円のうち、2,000万円を使って長女を受取人とする生命保険に加入しました。さらに全財産のうち、長男の遺留分に配慮して、1/4を長男に、3/4を長女に残す内容の遺言を作成しました。

　生命保険金は受取人固有の財産となり、遺留分計算の対象とはなりません。そのため、生命保険金を除外した1,000万円の1/4に相当する250万円が、長男の相続分となります。

　生命保険に加入していなければ、3,000万円×1/4＝750万円が遺留分となっていたため、対策実施により長女に500万円も多く財産を相続させることができます（図表34）。

基礎知識：遺留分とは

　遺留分とは、法律上認められた相続人の最低限の権利をいいます。

　例えば、亡くなった父親が全ての財産を寄付するという内容の遺言を残し

図表35　相続人ごとの遺留分

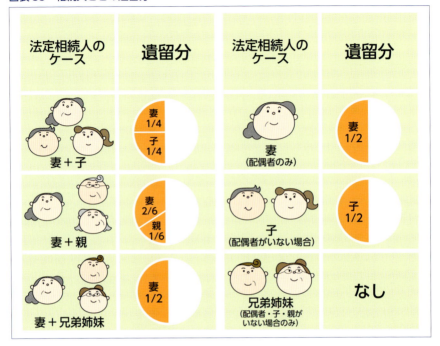

ていたとします。この内容が実現されてしまうと、残された家族が生活できなくなるなどの不都合が生じます。そのため民法は、遺言でも侵害することができない最低限の権利である遺留分を定めているのです。

遺留分は、誰が法定相続人になるかで変わります。図表35に、相続人ごとの遺留分についてまとめました。

生命保険金は遺留分の計算外

生命保険金は受取人固有の財産となり、遺留分計算の対象から除外されます。ただし、やり過ぎると遺留分計算の対象になってしまうので注意が必要です。

例えば本書の例で、鈴木さんが全財産の3,000万円で長女が受取人の生命保険に加入すると、長男の遺留分がゼロ円になってしまいます。ここまでくると、生命保険金も遺留分の計算対象になってしまいます。

とはいえ、生命保険は特定の人により多くの財産を相続させたい場合に有効ですので、ぜひ活用してみてください。

相続相談メモ

相続の専門家に相談する前に、自分が考えていることをメモにまとめておきましょう。メモすることで考えが整理され、専門家に自分の希望を伝えやすくなります。

相続で悩んでいること

家族への思い

【編者プロフィール】
株式会社実務経営サービス(じつむけいえい)

実務経営サービスは、中小企業の経営支援に取り組む会計人の研究会「実務経営研究会」の事務局運営会社です。実務経営研究会は、会計事務所が中小企業にさまざまな支援を行うための研修会を多数開催しており、全国約1400の会計事務所が参加しています。また、会計事務所向けの経営専門誌「月刊実務経営ニュース」を発行しており、優れた取り組みをしている全国の会計事務所を広く紹介しています。

会社名:株式会社実務経営サービス
住　所:〒170-0013　東京都豊島区東池袋1-32-7　三井生命池袋ビル7F
電　話:03-5928-1945
ＦＡＸ:03-5928-1946
メール:info@jkeiei.co.jp
ＵＲＬ:http://www.jkeiei.co.jp/

相続に強い頼れる士業・専門家50選

2018年　3月　26日　第1版第1刷発行

編　者　　株式会社実務経営サービス
発行者　　高　橋　考
発行所　　三　和　書　籍

〒112-0013　東京都文京区音羽2-2-2
TEL 03-5395-4630　FAX 03-5395-4632
info@sanwa-co.com
http://www.sanwa-co.com/
編集／制作　株式会社実務経営サービス
印刷／製本　モリモト印刷株式会社

乱丁、落丁本はお取り替えいたします。価格はカバーに表示してあります。　ISBN978-4-86251-313-7　C0034

本書の電子版(PDF形式)は、グーグル、アマゾン、楽天でお買い求めいただけます。

三和書籍の好評図書
Sanwa co.,Ltd.

お役立ち会計事務所　全国100選　2017年度版
BMS株式会社実務経営サービス 編
A5判／並製／208頁　本体2,000円＋税

●会計事務所は企業・個人の納税を支援する税理士の事務所です。そして、税理士は税務に加えて企業経営者や個人事業主が本音で話せる「相談相手」の役割を果たしてきました。本書は、日々の資金繰りや銀行との融資交渉、経営計画策定、相続・事業承継など、納税支援にとどまらず、経営者のサポートに意欲的な会計事務所を全国から100厳選し地域別に紹介しています。

ひとり2000万円稼ぐ会計事務所の作り方
鈴木成美 著
四六判／並製／199頁　本体1,500円＋税

●ひとり当たり2500万円以上という驚異的な生産性を実現している税理士法人コスモス。そのトップ自らが生産性を高める各種ノウハウを惜しみなく公開。人が育つ組織を創れば事務所は2年で生まれ変わる！

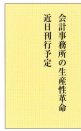

会計事務所の生産性革命
　　続・ひとり2000万円稼ぐ会計事務所の作り方
鈴木成美 著
四六判／並製／

●近日刊行予定

日本人入門　海外と向き合うビジネスパーソンに向けて
夢叶参拝実行委員長　小倉実 著／神田明神 監修
四六判／並製／128頁　本体1,200円＋税

●海外のビジネスパーソンと懇談している時、日本の説明に困ったことはありませんか？
本書はこんな問いへの回答の書として、東京・神田明神監修の下、神道をベースにまとめている。

三和書籍の好評図書
Sanwa co.,Ltd.

復刻版 戦争放棄編
参議院事務局編『帝国憲法改正審議録 戦争放棄編』抜粋（1952年）
寺島俊穂 抜粋・解説
A5判／並製／400頁　本体3,500円＋税

●日本国憲法が施行されて70年。戦後の平和を守ってきた世界に冠たる平和憲法が、今まさに揺らいでいる。原点に立ち返って日本国憲法が生まれた経緯や、その意義について「帝国憲法改正審議録」を紐解くのが、その精神を見るのに最もふさわしいことである。本書は、多くの方々に読んでもらうために口語体で読みやすく編纂した本となっている。

空前絶後★ベンチャー企業は宇宙的発想で!!
早川和宏 著
四六判／並製／340頁　本体1,500円＋税

●本書は会員制ビジネス誌『エルネオス』の連載「早川和宏のベンチャー発掘！」から12社をピックアップして「宇宙から今日のベンチャーを見る」との大きな視野の下に、世界の中の日本の力、使命などをテーマに掲げ、その持ち味、特徴、底力をクローズアップする。

日の丸ベンチャー
早川和宏 著
四六判／並製／302頁　本体1,600円＋税

●本書で紹介するベンチャー12社は、時流に乗って成功することのみを目指しているようなベンチャーとは一味も二味も違う。「日本のため」「世界のため」、社会のために誰かがやらなければならないことをやるという理念のもとで、持続的な価値を追求している企業だ。その会社と経営者の物語は、人として企業人として、一人の日本人として生きる上での多くのヒントや知恵、夢や勇気、そして共感と感動に満ちている。

魔法の経営
ベンチャービジネスの雄 小松昭夫に学ぶこれからのビジネス
早川和宏 著
四六判／並製／254頁　本体1,800円＋税

●多くの製造業をはじめとした日本企業が、売上げは上がっても利益は微々たるものという経営環境を余儀なくされる時代。小松電機が21世紀を見据えた事業を強力に推進できるのは、それだけの蓄積と、実績に裏打ちされた余裕があるからだ。小松の経営を称して「魔法の経営」と呼ぶのは、そうした通常は不可能と思えるものを可能にする政略・計略・戦略が備わっているからである。本書はそれを紹介している。

三和書籍の好評図書
Sanwa co.,Ltd.

大家さんのための空き部屋対策はこれで万全！！
儲かるマンション経営

樋爪克好／河合明弘／武藤洋善 著
四六判／並製／200頁　本体1,500円＋税

●本書には、筆者が父から家業を引き継いだときに直面したできごとや、その後、家業を手がけるなかで向き合わねばならなかった多くの問題と、その解決策が示されています。大家さんとひとくちに言っても、経営の規模、目的から現状に至る経緯、所有物件の立地による違いなどさまざまですが、「きっと必要な話」が詰まっているのが本書です。

知って得する 年金・税金・雇用・健康保険の基礎知識
2018年版

榎本恵一／渡辺峰男／吉田幸司／林充之／柳綾子 著
A5判／並製／289頁　本体2,000円＋税

●家庭全体のライフプランを立てるために法律・制度を正しく理解！特集 配偶者控除に立ちはだかる社会保険の壁。第1章 得する社会人の基礎知識・第2章 得する結婚退職の基礎知識・第3章 得する出産情報の基礎知識・第4章 得する働き盛りの基礎知識・第5章 万が一のときに損しないための基礎知識・第6章 得する中高年の生き方基礎知識・第7章 得する老後の基礎知識・第8章 人生の終焉を迎えるときの基礎知識

スマホ活用 宅建士50日攻略本 2018
最短合格徹底マスターテキスト

大場　茂 著
A5判　並製　457頁　本体3,000円＋税

●システム教材「スマホ活用宅建士攻略本」の全教材を凝縮した、印刷物教材です。単に覚える項目を並べただけにとどまらず、端的に立法理由を解説し、併せて過去問題の重要記述肢も紹介しています。レジュメ・注釈書、過去問題集のすべてを含むオールラウンド教材です。さらに、予想模試2回分を収録しています。

独立美容師「売上」「人材」「お金」で安定成長！
ゼロから開業して1億円を目指す美容室経営術

田崎裕史／伊澤真由美 著
四六判／並製／196頁　本体1,500円＋税

●本書には美容院を軌道に乗せるために必要なこと、さらには将来を見据えた多店舗展開まで、新規出店から多店舗展開に至るノウハウが満載されています。

三和書籍の好評図書
Sanwa co.,Ltd.

日本発！　世界No1ベンチャー
この国を元気にする起業家精神

早川和宏 著
四六判／並製／264頁　本体1,400円＋税

●本書には12のベンチャーの成功秘話が書かれている。どの企業家たちも、ただ順風満帆に会社を大きくできたわけではない。どこかで必ず挫折があり苦悩がある。それを乗り越えた力は何だったのか？　夢を現実にする原動力となったのは何か？　本書に収録した「知られざる世界No.1」と言えるベンチャーの物語は、わが国のすべての企業家経営者・ビジネスパーソンに仕事への大いなる意欲と勇気を与えるだろう。

世界でいちばん楽しい会社　夢を追う12の起業家たち

早川和宏 著
四六判／並製／271頁　本体1,500円＋税

●「楽しい」という共通するコンセプトを持つ12社を紹介。企業の在り方、ビジネスの原点を考えるための貴重なヒントに満ちた一冊。

年収300万円でもプチ資産家になれる！

水野和夫 著
A5判／並製／160頁　本体1,380円＋税

●ゆる〜くわかる投資・資産形成のキホン。２０代〜３０代の読者ターゲットに、知識ゼロでも、オモシロおかしく読めて、その気になれる本を作りました！マンガチックなイラストも豊富な会話形式なので、スラスラ読めます！２部構成の第１部は「お金にかかわる知識と感性」を、第２部は投資法のなかでも一番おすすめの賃貸マンション投資の実践シュミレーションを、やさしくわかりやすく紹介します！

バリアフリー住宅読本［改訂新版］

高齢者住環境研究所・バリアフリーデザイン研究会
伊藤勝規 著
A5判／並製／257頁　本体2,500円＋税

●高齢者が終の住処として心安く暮らすためには、災害にも強い家が安心。防災とバリアフリー機能、そして高品位な利便性を兼ね備えた住宅の事例を紹介。また住宅内事故の傾向分析から、特に転倒を防ぐための改修のポイントと、「転んでもケガをしない」という発想転換のもと、そのトレーニング法も紹介。更にはバリアフリー改修の費用計画を立てるための、国や自治体の助成制度とその手続き法も紹介しています。